全国高职高专经济管理类"十三五"规划理论与实践结合型系列教材·营销专业

校企合作优秀教材

营销渠道管理原理与实务

YINGXIAO QUDAO GUANLI YUANLI YU SHIWU

魏国平 缪兴锋 蒋明霞 杨扬 李子豪 编著

华中科技大学出版社
http://www.hustp.com
中国·武汉

图书在版编目(CIP)数据

营销渠道管理原理与实务/魏国平,缪兴锋等编著. —武汉:华中科技大学出版社,2015.2(2023.1重印)
ISBN 978-7-5680-0684-2

Ⅰ.①营… Ⅱ.①魏… ②缪… Ⅲ.①购销渠道-销售管理-高等职业教育-教材 Ⅳ.①F713.1

中国版本图书馆 CIP 数据核字(2015)第 044288 号

营销渠道管理原理与实务 魏国平 缪兴锋 等编著

策划编辑:张凌云
责任编辑:沈婷婷
封面设计:龙文装帧
责任校对:李　琴
责任监印:徐　露
出版发行:华中科技大学出版社(中国·武汉)　电话:(027)81321913
　　　　　武汉市东湖新技术开发区华工科技园　邮编:430223
录　　排:华中科技大学惠友文印中心
印　　刷:广东虎彩云印刷有限公司
开　　本:787mm×1092mm　1/16
印　　张:8
字　　数:196千字
版　　次:2023年1月第1版第4次印刷
定　　价:22.80元

本书若有印装质量问题,请向出版社营销中心调换
全国免费服务热线:400-6679-118　竭诚为您服务
版权所有　侵权必究

前 言

营销渠道影响着消费者的生活,企业和消费者借助于营销渠道方便、快捷地获得与享受来自全球的商品和服务。具体而言,营销渠道的基本功能就是将产品或者服务顺利地分销给顾客,本质在于为顾客创造价值。营销渠道是企业拓展市场的最基本和最重要的策略之一。随着市场竞争的日趋激烈,现在的企业越来越难以通过产品、价格和促销方面的策略来获得让竞争者难以模仿或跟进的竞争优势。在这样的困难境地,企业就要转向开发渠道战略以获取新的竞争优势。由于分销渠道战略具有长期性,在复杂多变的市场环境中,企业把握渠道规划设计、渠道管理、渠道创新等的要求也越来越高。同时,企业不仅需要高级营销渠道的高级管理人才,也需要大量掌握一定基础理论、服务于市场一线的应用型、技能型与操作型渠道管理和开发型的专业人才,市场营销专业的高等职业教育应责无旁贷肩负起这个重任。

营销渠道课程在高职教育中相对滞后,本教材在结合市场营销专业高职教育的特征、当前营销渠道的发展动态和未来高职市场营销专业教育要求的前提下,开发宗旨以素质教育、创新教育为基础,以企业营销渠道岗位需求为依据,以增强学生职业能力为本位,力求突出以下特色。

(1)理念与方法创新。秉承连锁经营管理专业人才培养目标,根据职业岗位群和工作技能对专业知识结构要求,本教材倡导目标驱动型的教学模式,强调问题解决和创新实践。结合学生的专业实际,引导学生自主选择、自我设计营销渠道管理的具体工作任务和项目,提供拓展内容,调动学生的主观能动性,挖掘学生潜力,在教师的指导和引导下,通过实践、参与和合作等方式,实现任务目标。以知识目标为基础,能力目标为杠杆,摒弃"借用教材、压缩内容"的滞后方法,专门开发符合高职特点的"工学结合教材"。在对职业岗位所需求的专业知识和专项能力进行科学分析的基础上,借鉴国内外先进教材,以确保符合职业教育的特色。

(2)教学内容创新。针对高职高专学生的特点、培养目标,以及学时压缩的趋势,控制内容深浅度、覆盖面及写作风格,力求反映知识更新和营销渠道发展的最新动态,将新知识、新内容、新案例及时反映到教材中,体现高职教育专业紧密联系行业和企业的实际要求。每一章节中由大量的现实案例、相关链接、实训项目等构成,增加教学的应用性和操作性,所有案例贴近营销渠道具体实际和高职教学的要求。

本教材由广东轻工职业技术学院魏国平、缪兴锋老师担任主编。中山职业技术学院蒋明霞担任第一副主编,湖北水利水电职业技术学院杨扬担任第二副主编,清远职业技术学院李子豪担任第三副主编。经审定,该教材既可作为高职高专院校市场营销管理专业的教材,又可作为各层次成人教育和企业培训教学参考书,还可作为市场营销从业人员的自学读物。为了配合教学需要,我们还制作了每章的电子课件,若有需要请与编者联系,E-mail:wgpftz@126.com。

在教材的编写过程中,得到了许多院校和研究机构的专家、教授和相关企业领导的大力支持,在此一并致谢。由于编写时间仓促,加之编者水平有限,书中难免存在疏漏和不足之处,恳请广大读者提出宝贵意见,以日臻完善。同时,在编写过程中,编者参考了大量的书籍、论文,引用了许多学者的资料和研究成果,吸收许多优秀企业渠道管理方面的经验和做法,引用了相关教材的部分内容和案例。参考了许多报纸、杂志、行业网站和书籍的资料,在此谨对他们表示衷心的感谢。书中难免存在遗漏而未注明引用之处,敬请见谅。

编　者

2014 年 9 月

目录

项目1 营销渠道管理概述与认知 ·· 1
    任务1 营销渠道的概念与认识 ·· 4
        1.1 营销渠道的内涵 ·· 4
        1.2 营销渠道的功能与流程 ·· 6
        1.3 营销渠道发展趋势与创新 ·· 8
    任务2 营销渠道结构与组织模式认知 ···································· 12
        2.1 营销渠道结构 ··· 12
        2.2 营销渠道系统组织模式 ··· 15
        2.3 营销渠道的选择模式 ··· 19
    任务3 营销渠道管理岗位认知 ··· 24
        3.1 营销渠道开发和管理的职业岗位群 ································· 25
        3.2 营销渠道经理岗位认知 ··· 25
        3.3 营销渠道管理人员的职业能力与开发 ······························· 27

项目2 营销渠道设计与开发 ·· 33
    任务4 营销渠道设计 ··· 35
        4.1 营销渠道设计的含义与原则 ······································· 36
        4.2 营销渠道设计的影响因素 ··· 37
        4.3 营销渠道设计步骤与内容 ··· 39
        4.4 营销渠道结构模式的评估与选择 ··································· 42
    任务5 营销渠道开发与成员的选择 ····································· 49
        5.1 营销渠道实施与布局的具体方法 ··································· 49
        5.2 营销渠道成员的类型与角色 ······································· 52
        5.3 营销渠道成员选择的步骤 ··· 53
        5.4 营销渠道政策 ··· 59

项目3 营销渠道管理 ·· 64
    任务6 营销渠道权力、冲突与控制认知 ································· 67
        6.1 营销渠道权力的内涵 ··· 67
        6.2 营销渠道冲突的解决 ··· 72
        6.3 窜货及其治理方法 ··· 74

任务 7　营销渠道成员激励 ………………………………………………………… 82
　　　　7.1　营销渠道成员需求的内涵与识别 ……………………………………… 83
　　　　7.2　营销渠道成员激励方法 ………………………………………………… 84
　　任务 8　营销渠道评估与创新 ……………………………………………………… 91
　　　　8.1　营销渠道评估的内涵与步骤 …………………………………………… 91
　　　　8.2　营销渠道整体绩效评估 ………………………………………………… 93
　　　　8.3　渠道中间商绩效评估 …………………………………………………… 96
　　　　8.4　营销渠道调整与完善 …………………………………………………… 98
附后案例：营销渠道建设与管理方案 …………………………………………………… 102
参考文献 ………………………………………………………………………………… 120

项目1 营销渠道管理概述与认知

【教学目标】

知识目标
(1)理解营销渠道的内涵,营销渠道的发展趋势;
(2)掌握企业营销渠道结构与模式;
(3)了解营销渠道管理及岗位工作的内容。

能力目标
(1)能具体分析现有企业营销渠道的结构;
(2)能根据营销渠道的基本原理识别企业的营销渠道类型;
(3)能为企业营销渠道管理进行工作规划和人员配备。

教学任务
(1)营销渠道的内涵及其功能;
(2)营销渠道结构类型与营销渠道系统;
(3)营销渠道管理岗位认知。

【引导案例】

资料一:欧莱雅收购小护士

2003年12月11日,巴黎欧莱雅集团(简称欧莱雅集团)签订了收购中国护肤品牌小护士的协议。小护士创立于1992年,并于同年开始在中国市场销售。小护士是中国市场上三大护肤品牌之一,市场占有率达到5%。小护士以其高质量和适中的价格在消费者心中竖立了非常好的品牌形象。作为一个大众化的品牌,小护士在全国28万个销售网点均有售。

欧莱雅集团全球总裁兼首席执行官欧文中先生在评价此次收购时说:"收购小护士为欧莱雅集团加快在中国市场的业绩增长提供了一个极佳的机遇,这是欧莱雅集团在中国发展所迈出的重要一步。对欧莱雅集团而言,中国是一个具有重要战略意义的市场。"欧莱雅(中国)有限公司总裁盖保罗先生指出:"小护士针对的是追求自然的年轻女性,她使欧莱雅的产品系列得到非常完美的补充,并使我们能加快进入中国大众护肤品市场的步伐。"此次欧莱雅集团对小护士的收购,还包括其位于湖北省宜昌市的一个生产基地。这个工厂将有助于提高欧莱雅集团的生产能力,从而适应欧莱雅集团各品牌销售迅速增长的需要。此次收购后,小护士的业务于2004年上半年并入欧莱雅集团,其财务报表也与欧莱雅集团的合并。

欧莱雅集团于1997年进入中国市场,2002年在中国的销售额达一亿一千三百万欧元。

2003年1月至9月欧莱雅(中国)有限公司的销售额较2002年同比增长了66%,增幅和2002年的增长水平基本相当。欧莱雅集团已经在中国上市旗下主要核心品牌,其中多个品牌已在中国市场上占据领先地位:巴黎欧莱雅在高档染发市场,美宝莲在彩妆市场,薇姿在药房,兰蔻在高档化妆品市场。

(资料来源　http://www.sina.com.cn 2003-12-22,略有改动。)

资料二:小护士"凋零"之谜:欧莱雅的阴谋?

1. 整合失败,小护士"凋零"

有人怀疑,欧莱雅集团是借收购小护士来为旗下品牌卡尼尔"清场",毕竟卡尼尔的产品与小护士的产品定位差距不大。比如,洗面奶,小护士和卡尼尔都是十几元,价差不过5元;霜膏类产品,小护士和卡尼尔价差20元左右。这种"阴谋论"并非完全是空穴来风。事实上,不少发展势头良好的本土品牌被外资收购后,迅速凋零、衰败。比较典型的除了小护士之外,还有被美国庄臣公司收购的美加净、与德国美洁时公司合资的"活力28",以及被达能收购的乐百氏等。不过,"阴谋论"的说法遭到欧莱雅的强力否认。

"收购的初衷绝不是要消灭这个品牌。"欧莱雅(中国)有限公司总裁盖保罗此前也多次向媒体否认"雪藏"小护士的说法,"欧莱雅集团为收购小护士这个品牌仅谈判就花费了整整4年的时间。我想不通,我们的经营团队花了4年时间,目的就是把这个品牌灭掉?这根本就不符合逻辑。当然,我们收购小护士以后,可能没有做到我们预期发展的那样,但这是另外一回事。"

广东省日化商会副秘书长谷俊告诉记者,欧莱雅集团原本的渠道强项是百货商店、超市专柜等。收购小护士,欧莱雅集团也是希望通过其庞大的销售网络拓展其相对薄弱的大众销售渠道。小护士原有177个经销商、2.8万个销售网点。然而,在欧莱雅集团并购小护士时,已经有一部分小护士的经销商开始流失。"经销商很现实,产品卖不动,就会离开。销售网点也一样,卖得好就捧你,卖得不好就赶你。"谷俊认为,小护士当时的本土管理层在被一并收购后,和跨国企业欧莱雅集团的管理风格磨合不好,可能是后来销售萎缩的原因之一。小护士走的是多层分销的流通渠道,本土的管理方式是短、平、快,但外资规范化、制度化的处理方式则是需要层层上报处理;原有的管理层也许跟经销商的关系很好,但是外资制度化的处理方式也许让他们很多事(比如给分销商的利润分成)做不了主。

据了解,本土品牌通常更重视销售渠道建设,甚至可能会拿出利润的大部分给分销商,外资品牌往往更重视品牌建设,所以类似的产品可能在前端的成本更高,渠道上分配给各级分销商的利润相对较低。"如果卖产品不挣钱,只是当搬运工,经销商们当然不乐意进货。"曾在国内数十家化妆品企业担任过营销顾问的日化专家冯建军告诉记者说,"大型跨国公司相对于本土品牌来说,在讲求实惠的三四线城市的终端分销促销等环节的灵活性和弹性不够"。这可能也是小护士"凋零"的原因之一。

2003年12月,欧莱雅集团在北京宣布收购小护士后,就曾在业界引起巨大反响:小护士品牌是否会继续存在?次年4月,欧莱雅集团宣布,推出加入欧莱雅集团后的新一代全新小护士与卡尼尔护肤系列"清泽"和"亮白"系列产品,并表示要把小护士发展成为中国第一大护肤品牌,似乎打消了业内的疑虑。2005年,欧莱雅集团继续斥数亿巨资重新打造小护士,希望小护士销售额能达到15个亿。在商场、超市等业态中,小护士还由货架销售改为专柜,并辅以铺天盖地的广告轰炸。但市场并没有接受这种变化。一年后小护士的广告大幅度减少，专柜陆续被撤，新品又回到拥挤的货架上，经销商也强烈要求将积压的老产品恢复销售。据AC尼尔森的调查统计，2003年小护士是中国排名第三的护肤品品牌，仅次于玉兰油（OLAY）和大宝。小护士的品牌认知度高达99%，市场份额达4.6%。

2. 小护士"下乡"

业内人士认为，小护士"凋零"的另一个原因是，新的小护士在市场定位与营销上存在失误。欧莱雅集团把小护士目标顾客的年龄层拉得过低，使得之前产品的购买者中那些喜欢实惠的中年女性顾客逐渐流失。同时，竞争品牌层出不穷，小护士的低端形象又不能吸引众多年轻女性，导致了销售量降低。"现在小护士的广告几乎看不到了。"谷俊说，"品牌没有投入，当然知名度会慢慢降低。"

虽然对小护士的整合不算成功，但是整个欧莱雅集团销售收入却连续第9年在中国内地实现两位数增长。欧莱雅（中国）（除港、澳、台地区）有限公司2009年的财务报表显示，其实现销售收入81.8亿元，较上年同比增长17.6%，这使得该企业在中国化妆品市场的占有份额达到11.7%。欧莱雅（中国）有限公司总裁盖保罗接受《第一财经日报》采访时表示，欧莱雅（中国）有限公司2010年销售额超过10亿欧元，其中深度分销的化妆品专营店渠道对销售额贡献越来越大，未来将是其研发和发展的重点之一。

与高端化妆品市场相比，大众化妆品市场将是一个无法测量深度的海洋。欧莱雅集团在一、二线城市，以及在优势的百货和商超渠道上的销售等都已经相对稳定，它把目光转向了并不熟悉，也不太擅长的中国低线城市市场。"一方面一线城市产品换代升级后，退下来的低端产品得有出路；另一方面，中国三、四线城市市场人数众多，消费潜力也越来越大。"谷俊表示。

在这样的共识下，2010年小护士进入欧莱雅集团最新开拓的化妆品专营店渠道。化妆品专营店，是近几年新兴的一种化妆品零售商业业态，目前在中国有15万家左右。2009年2月，欧莱雅（中国）有限公司的一个大众品牌"巴黎欧莱雅"率先进入"魅力联盟"，在三、四线城市化妆品专营店开拓渠道。很快欧莱雅集团尝到甜头，一年多的时间开拓到1000多家，并从单一巴黎欧莱雅产品进入试水，到2010年6月，美宝莲纽约、羽西和卡尼尔/小护士三大品牌新加入，覆盖护肤、彩妆、染发、洗发护发四大品类。和本土品牌在三、四线城市渠道的层层分销策略不同，化妆品专营店可以直接联系欧莱雅，经过筛选成为加盟会员后，由巴黎欧莱雅通过销售商直接向会员店供货，并对会员店提供各种促销支持。"这种方式正是跨国公司在本土渠道的新尝试。"冯建军说。

此前就是走中低端路线，已不太活跃的小护士能否借欧莱雅集团渠道下沉的"魅力联盟计划"重获新生，也引起关注。"今年三月欧莱雅（中国）有限公司公布财务报表的时候，会对包括小护士在内的各个品牌未来的计划跟大家再沟通。"欧莱雅集团对外交流与公共关系部公关经理杨晴红说。

（资料来源　第一财经日报，2011-01-14，略有改动。）

[阅读讨论]

1. 什么是营销渠道？从营销渠道的角度分析欧莱雅集团为何收购小护士？
2. 针对案例本身，谈谈品牌和渠道在企业市场营销中的作用与地位？

任务 1　营销渠道的概念与认识

【任务引入】

某公司对从事营销渠道开发与管理工作的新员工进行岗前培训,培训目的是使他们能够尽快地熟悉营销渠道的基本知识和工作任务。公司招聘的新员工接受过一系列的营销渠道工作及培训,还有必要接受公司自身的相关知识培训吗?什么是营销渠道,营销渠道对企业的重要性是什么?

【任务分析】

通俗而言,营销渠道就是企业赖以将其产品或服务有效销售出去的所有中间环节或过程。企业不同,营销渠道的开发与管理工作也不同,因此作为不同的企业,需要对公司的员工进行有针对性的相关岗位知识培训,对营销渠道的本质内涵,比如,营销渠道的基本含义、功能与流程等知识,结合自身的特点进行有效的诠释,结合企业所在的行业了解营销渠道的演变过程与现状。

【知识链接】

1.1　营销渠道的内涵

营销渠道(marketing channels)在中文里也被称为"销售通路""分销渠道""营销通路"或"流通渠道"等。关于营销渠道的定义,主要有以下一些不同的表述。

营销学家菲利普·科特勒认为营销的根本是创造顾客价值和传递顾客价值,企业通过营销渠道传递产品或服务价值,他认为营销渠道是指某种货物或劳务从生产者向消费者移动时,取得这种货物或劳务的所有权的企业和个人。营销学家伯特·罗森布罗姆将营销渠道定义为:与公司外部关联的、达到公司分销目的的经营组织。美国学者安妮·科兰认为:营销渠道不仅以适当的地点、价格、质量和数量来提供商品和服务以满足人们的需求,而且还能通过有关单位的促销活动来刺激需求。因此营销渠道应该看成一个和谐的网络系统,它通过提供时间、地点、销售形式、产品和服务为最终用户创造价值。

美国市场营销协会(AMA)对营销渠道定义为:营销渠道是指企业内部和外部代理商和经销商(批发和零售)的组织机构,通过这些组织,商品(产品或劳务)才得以上市销售。

营销学家路易斯 E. 布恩和大卫 L. 库尔茨对营销渠道下的定义较为全面:由各种旨在促进商品和服务的实体流转以及实现其所有权,由生产者向消费者或企业用户转移的各种营销机构及其相互关系构成的一种有组织的系统。此定义不仅描述了营销渠道的基本功能——商品在空间上的位移和实际支付,而且兼有产权交易、物流管理和促销等多种功能和内涵。中间商凭借其业务往来关系、经验、专长和经营规模,能以更高的效率将产品提供给目标市场,克服了时间、地点和所有权等将产品和服务与消费者隔离开来的障碍,实现了桥梁的作用。

本书对营销渠道的定义从生产企业的视角来界定：营销渠道是存在于企业外部的、促使产品或服务顺利地经由市场交换过程转移给消费者使用或消费的一整套相互依存的组织。通俗而言，营销渠道就是企业赖以将其产品或服务有效销售出去的所有中间环节或过程。营销渠道作为企业分销活动的载体，主要由生产者自设的销售机构、批发商、零售商、代理商、辅助代理机构等环节组成。而作为营销渠道运作的起点和终点，生产者和消费者往往也被纳入渠道重要成员之列。在现代经营活动中，营销渠道承担着产品和服务所有权的交换，是企业的重要资产和获取持续竞争优势的重要途径。图1-1是营销渠道的简单示意图。

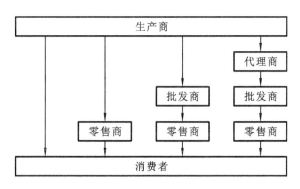

图 1-1 营销渠道的简单示意图

由图 1-1 可知，生产商的产品或服务是可以通过多种渠道结构到达顾客手中的，可以选择环节比较多的渠道类型，这就会涉及较多的中间组织，也可以选择中间环节少一些的渠道。

【补充阅读】

伯特·罗森布罗姆教授认为营销渠道研究受到重视的五个原因

一是企业获得持久的竞争优势很困难。现在的企业越来越难以通过产品、价格和促销方面的策略获得让竞争者难以模仿或跟进的竞争优势。在产品方面，随着技术快速地从一家公司转移到另一家公司，竞争者越来越容易获得新产品的技术；在价格方面，全球生产和销售使得每个企业都能把成本降到底线，谁都没有比他人更大的降价空间；在促销方面，众多企业通过各种途径发布的广告和促销信息的数量已经超过顾客所能清晰记忆和准确区分的程度。在这样的困难境地，企业就要转向开发渠道战略以获取新的竞争优势。由于分销渠道战略具有长期性，通常会存在一个组织结构来保持其生命力，而且渠道生命力是建立在关系和人员的基础上的，所以，一个企业的分销渠道战略难以被竞争对手快速模仿。

二是分销商（特别是零售商）的权力在快速增长。过去 20 年影响经济增长的力量已经从制造商转移到了产品的分销商。尤其是一些强大的零售商扮演着消费市场"把门人"的角色，他们从争取顾客光顾商店的立场出发控制进货渠道，以低毛利或低价格的方式来运营，已经变成供货商的竞争者。制造商的渠道政策对市场营销成败的作用因此得到提升。

三是减少分销成本的要求。分销成本常常占据产品最终价格的相当比例。有资料表明，在汽油成本构成中，分销成本、制造成本和原料成本所占的比例分别是 28%、19%和 53%；在袋装食品成本构成中，三项成本所占的比例分别是 41%、33%和 26%。为了削减成本，企业将比过去更加专注于分销渠道的结构和管理。

四是增长的新压力。进入20世纪90年代以后,许多企业开展了所谓的"重组""再造"工程,追求组织扁平化、精益和适度及增长,使其本身更有效率,以便更有效地参与全球市场竞争。这些努力无疑加大了产品分销的压力。

五是提高技术的作用。新的技术在改变着生产和营销方式的同时,也在改变着产品的销售方式及分销渠道的功能。成千上万的顾客从光顾商店转变成光顾因特网,迫使企业重新构思分销渠道体系。分销渠道从传统的销售环节转变成信息通道,提升了它在市场营销过程中的地位,这就要求决策者们在制定决策之前必须听听渠道的声音。

(资料来源 常永胜《营销渠道:理论与实务》,略有改动。)

1.2 营销渠道的功能与流程

1.2.1 营销渠道的功能

营销渠道影响着消费者的生活,借助营销渠道消费者能够方便、快捷地享受来自全球的商品和服务。营销渠道的功能就是使产品从生产者转移到消费者的整个过程顺畅、高效,消除或缩小产品供应与消费需求之间在时间、地点、产品品种和数量上存在的差异。具体而言,营销渠道的基本功能就是将产品或者服务顺利地分销给消费者或者用户,本质在于为顾客创造价值。在这一过程中,需要参与的各方共同努力,完成一系列价值创造活动,实现产品的形式效用、所有权效用、时间效用和地点效用。由此形成的营销渠道功能主要包括以下几种。

一是调研与信息功能。通过营销渠道可以实现收集、分析和传递有关顾客、行情、竞争者及其他市场营销环境信息的目的,渠道流程协调的关键是渠道成员之间的信息共享,通过渠道把信息传递给渠道内的各成员。同时也可以解决买者与卖者"双寻"过程中的矛盾,寻找潜在顾客,为不同细分市场客户提供便利的营销服务。

二是商品分类与组合功能。协调专业化厂商产品(服务)单一品类与消费者多样化需要之间的矛盾,按买方要求整理供应品。如按产品相关性分类组合、分级分等,改变包装大小等。

三是促销与洽谈功能。营销渠道能够传递与供应商品相关的各类信息,联系渠道成员之间的客情关系,通过渠道开展的促销活动,与消费者直接充分地沟通并吸引消费者。

四是物流配送功能。商品从生产商开始经过整个营销渠道,通过渠道成员的管理与组织,经过运输、储存及配送等过程,从而满足消费者的需求。

五是财务融资功能。渠道作为企业的重要资产,可以进行相关的融资活动、收付货款,同时也可以将信用延伸至消费者,解决渠道成员的资金问题。

六是风险分担功能。随着所有权在渠道成员之间的转移,渠道成员在不同的阶段承担相应的风险。

1.2.2 营销渠道的流程

营销渠道的功能在实际的运作中主要表现为各种流程。图1-2显示了九种广义的渠道流程,这些流程将所有的渠道成员联系起来。

一是实物流。实物流是指产品实体在渠道内成员间的流转,其主要部分是产品运输和储存。合理组织商品储运或物流,是提高营销渠道效率和效益的关键。实物流一般表现为从制造商往消费者层次的单向流动。

二是所有权流。所有权流是指产品所有权或持有权从一个渠道成员转移到另一个成员手中的流转过程,这一流程通常是伴随购销环节在渠道中向前移动的。在租赁业务中,该流程转移的是持有权和使用权,所有权流一般表现为从制造商往消费者层次的单向流动。

三是促销流。促销流是指渠道成员的促销活动流程,是指渠道成员通过促销手段对另一层次的渠道成员或者消费者施加影响的过程。促销流从制造商流向中间商,称为贸易促销,直接流向最终消费者则称为最终使用者促销。所有渠道成员都有对顾客的促销责任,既可以采用广告、公共关系和营业推广等大规模促销方式,又可以采用人员推销等针对个人的促销方式。促销流也一般表现为从制造商往消费者层次的单向流动。

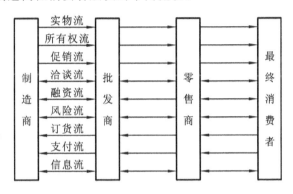

图 1-2 营销渠道流程图

四是洽谈流。洽谈流贯穿于整个营销渠道,一般表现渠道成员之间的双向活动,制造商、批发商和零售商之间针对产品实体和所有权转移都会就产品种类、价格和促销条件等交易条件进行洽谈。

五是融资流。融资流是营销渠道成员之间融通资金的过程。营销渠道的融资流有前向融资和后向融资两种形式。前向融资的例子是某汽车制造商设立专门机构,不仅为汽车用户提供财务帮助,而且还为持有其汽车存货的经销商融资;后向融资的例子是住房消费者购买"楼花"(预付购房款)、某百货商店承诺预付一定数额货款、大量订购某种款式的时装等。

六是风险流。风险流是营销渠道成员之间分担或转移风险的过程。渠道风险不仅与交易过程中的产品报废、过时、丢失、返修、违约、保险和税金等相关,也与存货量过大、影响资金周转,或处理存货的损失相关。

七是订货流。订货流是指渠道成员定期或不定期向供货机构发出的订货决定。订货流通常是由用户向零售商、用户向零售商向批发商、用户向批发商向制造商的后向流程。

八是支付流。支付流是指货款在渠道各成员间的流动。例如,客户通过银行账户向代理商支付货款账单,代理商扣除佣金后再付给制造商,并支付运费和仓储费。

九是信息流。信息流是指营销渠道各成员相互传递信息的过程。

在以上各种功能流中,实物流、所有权流、促销流的流向是从生产者流向最终消费者或用户;支付流、订货流是从消费者或用户流向制造商;融资流、洽谈流、信息流和风险流则是双向的,因为不同成员之间达成交易,资金往来、谈判及风险承担均是双向的。

1.3 营销渠道发展趋势与创新

1.3.1 营销渠道管理的转变

目前营销渠道管理问题受到企业的普遍关注,对企业营销渠道中的功能流、渠道结构和渠道行为的高效协调才能有效地将企业的产品传递到消费者手中。营销渠道管理呈现出以下几个方面的转变。

1. 从功能管理向过程管理转变

传统的管理将营销渠道中的制造、仓储、销售、配送等功能活动分割开来,独立运作,在不同的渠道环节上参与者各自承担相对应的功能,每个渠道的参与者各自有独立的目标和计划,这些目标和计划经常存在冲突。现代管理就是将营销渠道中的各种功能活动有效集成,视为整体过程,基于实现提高顾客服务水平以及顾客价值最大化为目标的面向整个营销渠道流通过程的管理。在企业内部和企业外部渠道中的各个合作伙伴的业务活动,都实现了从功能管理向过程管理过渡。

2. 从利润管理向营利性管理转变

传统的管理将利润作为企业管理的重点,但现代管理认为利润管理还是很粗放,因为利润只是一个绝对指标,并不具有可比性,应该用相对指标来衡量企业的经营业绩,而营利性就是一个相对指标。所以,国外企业界现在强调要进行营利性管理。这种营利性是建立在"双赢"基础上的,只有营销渠道中的各方均具有较好的营利性,企业自身的营利性才有可能得到保证。

3. 从产品管理向顾客管理转变

在买方市场上,是顾客(而不是产品)主导企业的生产、销售活动,因此,顾客是核心,顾客是主要的市场驱动力。而营销渠道中非常关键的一环就是顾客。在买方市场上,营销渠道管理的中心是由生产者向消费者倾斜的,因而顾客管理就成为营销渠道管理的重要内容。

4. 从交易管理向关系管理转变

传统的营销渠道成员之间的关系是交易关系,所考虑的主要是眼前的既得利益,因此,不可避免地会出现渠道成员之间为了自身利益而损害他人利益的情况。现代管理理论认为,可以找到一种途径,能同时增加营销渠道各方的利益。这种途径就是要协调营销渠道成员之间的关系,并以此为基础进行交易,以使营销渠道整体的交易成本最小化、收益最大化。特别是当企业之间的竞争转变为供应链之间的竞争时,只有倡导竞争和合作精神,企业才能求得最佳的生存与发展空间,获得最大的市场份额或利益。这种双赢模式要求将传统销售关系中"非赢即输"的单纯交易关系改变为更具合作性、共同为谋求更大利益而努力的关系。

5. 从库存管理向信息管理转变

企业对待库存的心理一直都十分矛盾,在营销渠道成员之间,一会儿排斥库存、一会儿囤积库存,造成巨大的浪费。可以换一个角度去考虑问题:用信息代替库存。企业持有的是"虚拟库存"而不是实物库存,只有到营销渠道的最后一个环节才交付实物库存,从而可以大大降低企业持有库存的风险。因此,用及时、准确的信息代替实物库存就成为现代营销渠道管理理论的一个重要观点。

以上这些转变,发生在一个企业内部,却作用于所有的相关企业,现代管理转变产生的效应将影响到整个营销渠道。因此,发生这样的转变后,企业如果不能跟上时代变革的步伐,最终将会被市场淘汰。

1.3.2 营销渠道结构的演变趋势

1. 营销渠道结构扁平化

厂家—总经销商—二级批发商—三级批发商—零售店—消费者,此种渠道层级可谓是传统销售渠道中的经典模式。传统的销售渠道呈金字塔形,因其广大的辐射能力,曾为厂家占领市场发挥了巨大的作用。但是,在供过于求、竞争激烈的市场营销环境下,传统的渠道存在着许多不可克服的缺点。面对这些问题与挑战,许多企业正将销售渠道改为扁平化的结构,即销售渠道越来越短、同一层次上的销售网点则越来越多。销售渠道短,增强了企业对渠道的控制力;销售网点多,则增大了产品的市场覆盖面和销售量。如一些企业由多层次的批发环节变为一层批发,即厂家—经销商—零售商;一些企业则在大城市设置销售公司和配送中心,直接向零售商供货。戴尔就是渠道创新的一个典范,也是通过越过二级批发商为代表的渠道中间层实施直销方式,缩短了供应链,从而降低了渠道成本,使产品销售额和利润稳步上升。

2. 营销渠道一体化、国际化

买方市场格局的出现,使生产—分配—交换—消费中各个环节的相对重要性发生了历史性的变化,生产商更加依赖批发商和零售商所能提供的有限市场,于是出现了纵向一体化的形式。为了应付日益复杂的环境,许多生产商、批发商和零售商组成统一的系统,以降低交易费用、开发新技术确保供应和需求,但市场竞争往往表现为整个渠道系统之间的竞争。以日本汽车行业为例,现代的竞争不单是丰田汽车公司、丰田汽车销售公司与日产汽车公司的竞争,而是包括经销店在内的丰田集团与日产集团之间的竞争。

地区之间销售渠道形成的差别正日趋减小。20世纪50年代初,美国和欧洲的销售方式存在着天壤之别,但今天的情况则大不相同,超级市场、连锁商店和直复营销等形式在工业发达的国家和地区普遍存在,并且持续发展。一些巨型零售机构正把自己的销售网扩大到世界各地,如西尔斯在墨西哥、南美、西班牙和日本设立了自己的网点;马狮集团在欧洲市场零售网络中的影响也久负盛名。这种零售商业的国际化发展,反过来进一步增强了生产商开拓国际市场的能力。生产的国际化更加依赖于渠道网络的国际化,各种全球化的垂直营销渠道网络应运而生。

3. 零售商地位加强,渠道重心由批发向终端市场转移

20世纪90年代后期,企业大多还是在销售通路的顶端通过对总经销商的管理来开展销售工作。当市场转为相对饱和的状态时,这种市场运作方式的弊端就表现得越来越明显。企业把产品交给经销商,由经销商一级一级地分销下去,由于网络不健全、通路不畅、终端市场铺开率不高、渗透深度不足等原因,经销商无法将产品分销到厂家所希望的目标市场上,结果厂家产品的广告在电视上天天与消费者见面,而消费者在零售店里却难觅产品的踪影。

针对这一弊病,一些成功企业开始以终端市场建设为中心来运作市场。厂家一方面通过对代理商、经销商、零售商等各环节的服务与监控,使得自身的产品能够及时、准确、迅速地通过各渠道环节到达零售终端,使消费者能方便买到;另一方面在终端市场上进行各种各样的促销活

动,以激发消费者的购买欲望。

4.营销渠道电子化

在网络经济时代,越来越多的企业开始关注如何利用因特网提供更多的顾客价值,将网络与传统的产业成功地结合在一起。随着网络时代的到来,网络营销的出现对传统的分销模式、分销理念形成了巨大的冲击,使得分销商不得不尽快调整思路以跟上时代的步伐。从发展势头来看,网络终端将成为分销商手中的利器。分销商可以借助原有的分销渠道,继续巩固自身承上启下的地位。承上,可以迎合供应商实行网上交易的需要;启下,可以更好地发展二级供应商和经销商,建立广泛的扁平化渠道。如果分销商能够把网络系统和企业内部的关系信息系统结合起来,就能使管理完全实现电子化。

5.渠道成员关系由交易型向伙伴型转化

传统的渠道关系使每一个渠道成员都成为一个独立的经营实体,以追求个体利益最大化为目标,甚至不惜牺牲渠道和厂家的整体利益。而在伙伴式销售渠道中,厂家与经销商一体化经营,实现厂家对渠道的集团控制,使分散的经销商形成一个整合体系,渠道成员则为实现自己或大家的目标共同努力,追求双赢或多赢。

【思考题】

1.什么是营销渠道?为什么营销渠道会受到重视?
2.简述营销渠道的功能类型。
3.营销渠道的主要发展趋势表现在哪些方面?为什么会这样?
4.查找一个行业,了解行业渠道环境与特点,完成以下渠道功能及流向表。

×××行业或公司营销渠道功能流及流向描述表

功能类型	对应的功能流	具体流向	备注

【驱动任务与实训项目】

任务与实训内容

当前有"渠道为王""得渠道者得天下"的一些说法,针对这样的一些说法,对"是渠道重要还是品牌重要"这样的一个主题,收集有关资料,形成自己的观点和分析总结报告。

实训目的

1.认知营销渠道的重要性。
2.掌握营销渠道的特点功能及趋势。

实训要求

1.在上课之前安排学生准备相关资料。
2.学生完成文档报告并在课堂上进行交流与互评。
3.根据要求开展学生之间的辩论。

【课后案例】

宝洁"渠道下沉",看好农村市场

为加大对中国三线市场、农村市场的渗透力度,借助中央电视台在中国拥有最广泛的覆盖率、到达率的优势,以对中国三线市场、农村市场形成更强大、更深远的影响,宝洁每年在广告宣传方面的支出是相当大的,但是其广告投入是与其销量增长成正比的。它旗下有众多强势品牌,所以分摊下去实际上数额并不大。理性的广告投入,辉煌的营销业绩。我们看到宝洁的系列产品占满了中国大江南北的货架空间,从商场到卖场,从批发商到零售店,从城市到农村。

宝洁在中国的营销无疑是非常成功的,虽然近年发生SK-Ⅱ质量风波、牙防组捐款等事件,但其日化市场的龙头地位无人能撼,业界一直有"不经销宝洁产品,就开不了日化柜台"的说法。但是不可否认,宝洁在农村市场并没有取得满意的成绩,宝洁很早就意识到农村市场的巨大潜力,而且随着城市市场不断饱和,宝洁进军农村市场的心情愈加紧迫。我国有大量农民,聚集着世界上最大的消费群体,是一个消费"超级市场"。从2005年起,我国农村消费市场就明显回暖,当年全国社会商品零售总额增长率贡献中,城市上升0.7个百分点,农村上升3.8个百分点,农村超过了城市。虽然在人均消费总量上,我国"三个农民才抵一个市民"的状况仍未改变,但这次农民对市民的"赶超"意义重大,传递出农村消费启动等信号。

宝洁曾四度进军农村市场但效果欠佳。1996—1999年,宝洁在全国数万个村镇拉开了声势浩大的路演活动,开着彩车、打着锣鼓,通过终端产品的现场演示和消费者试用体验,使宝洁产品与农村消费者"面对面"。此外,宝洁不忘拉拢农村终端,进行了小店拜访、店主联谊会等活动。但是由于终端路演成本太高,宝洁产品价格不适合农村消费,以及分销渠道无法支持深度覆盖,宝洁第一次农村市场开拓活动未能奏效。

1999年,宝洁开始实施"乡镇终端网络计划",削减了大量小分销商,重点培育一批大型分销商,倡导一级分销商到二、三线城市设立分公司,并发展二级分销商,把产品覆盖区域扩大到乡镇。由于假货、窜货现象比较严重,此次计划并没有达到预期目标。

2007年4月,宝洁携手商务部开展"万村千乡工程",但囿于毛利率较低,"万村千乡工程"指定商店并没有下力气推广宝洁的产品,市场期望再度落空。

2009年6月启动的"China Three"项目是宝洁在中国市场启动的第四次下乡计划,要求全国近100个经销商在一年时间内覆盖近3万个乡镇。并且,破天荒地与分销商签订了协议,对乡镇市场的增长、店铺数量等都进行了明确要求,同时根据市场大小给予一部分费用的支持,这些费用用于车辆配置、人员聘用以及市场开发。但是,从多位经销商处消息得知,第一财季的推进效果并不理想,假货、价位高、毛利低仍是宝洁进入农村市场始终没有解决的问题。

连续四次下乡,可以看出宝洁对中国广阔农村市场的开拓力度,其实,在研发和公司战略布局方面,宝洁已经把中国农村市场提到了一个前所未有的重要层面。承担着宝洁针对中国市场产品开发职责的北京宝洁技术有限公司,目前有超过30%的研发力量专门针对农村市场,宝洁每年19亿美元的全球研发经费中,也有30%投入在低端市场的研发上,这一数字与五年前相比增长了50%。

宝洁四度进军农村市场四度效果欠佳的原因固然是多方面的,但根本原因,主要是消费者对宝洁的品牌认知度不理想。如汰渍洗衣粉进入中国市场已经十多年了,在乡镇做推广时,还是有一些消费者不认识这个产品。

（资料来源　中华品牌管理网，2010-4-6，略有改动。）

［案例思考］

1. 宝洁为什么要四次下乡？营销渠道有哪些发展趋势？
2. 查找资料了解宝洁进军农村市场的过程中还有哪些配套的营销策略？

任务2　营销渠道结构与组织模式认知

【任务引入】

小王是某公司从事营销渠道开发与管理工作的主管，他掌握了营销渠道的一些基本概念和知识，对公司的营销渠道工作也有一定的了解，但是最近公司业务在不断地扩张，企业的营销渠道结构也在不断地调整，自身对营销渠道结构体系的不熟悉导致了开展工作比较困难，问题出在哪里呢？企业的营销渠道结构体系应该从哪几个方面进行思考？

【任务分析】

营销渠道结构一般从广度、长度和宽度三个方面来进行分析，广度解决企业渠道类型选择问题，长度解决营销渠道层级选择问题，而宽度是同一层级上选择分销商数量问题。要将公司的营销渠道思路和战略弄清楚就必须要从整体上对营销渠道的结构体系和组织管理模式领会到位，因此作为企业渠道主管，对企业的营销渠道结构和管理模式的相关知识要有深刻的理解。

【知识链接】

2.1　营销渠道结构

营销渠道由众多的渠道成员构成，生产企业、批发商、零售商和消费者之间以什么形式、什么关系联系在一起才能使营销渠道发挥整体效率，这是营销渠道结构要讨论的问题，营销渠道结构从营销渠道的长度、宽度和广度作为基础来分析。

2.1.1　营销渠道长度

营销渠道长度，是指产品从制造商转移至消费者所经过的中间环节的层次。如图2-1所示，中间环节越多，营销渠道越长；反之则越短。营销渠道长度有以下四种类型。

1. 零级渠道

零级渠道又称为直接渠道或者短渠道，指制造商直接把产品销售给最终购买者，没有其他中间环节。直接渠道的基本特点是销售的一次性，即产品从生产商到消费者或最终用户之间的销售活动仅只有一次。直接渠道有三种主要形式：直接销售（direct selling）、直复营销（direct marketing）和厂家自办店（manufacturer-owned stores）。前两者是无店铺的直接渠道，厂家自办店则是有店铺的直接渠道，如表2-1所示。直接销售和直复营销是两种传统的销售形式，在

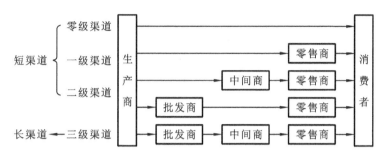

图 2-1 营销渠道长度结构图

被制造商开办和使用时称为直接渠道。随着市场环境的变化和渠道商权力的增大,许多制造商逐步自建终端店铺或自建门店,从事商品展示、销售、服务及技术支持等活动。

表 2-1 零级渠道的类型

项 目	直 接 销 售	直 复 营 销	厂 家 自 办 店
媒介特征	人员推销	通信销售	店铺售卖
营销方式	上门推销 办公室推销 家庭销售会 寄放销售 多层传销	目录营销 直接邮寄营销 电话营销 电视营销 电台报刊营销 网络营销	连锁专卖店 销售门市部 销售陈列室 销售服务部 合资分销店 租赁卖场

2.间接渠道

间接渠道又叫长渠道,是指制造商通过中间商转移产品的渠道类型,包括一级渠道、二级渠道和三级渠道。一级渠道是指生产制造企业通过一级中间商将产品转移至消费者或用户手中。在消费品市场,这个中间商通常是零售商;在工业品市场,则通常是销售代理商。二级渠道是指生产制造企业通过二级中间商将产品转移至消费者或用户手中。在消费品市场,它们通常是批发商和零售商;在工业品市场,则通常是代理商和批发商。三级渠道是指生产制造企业通过三级中间商将产品转移至消费者或用户手中。

间接渠道模式的优点如下。一是简化交易。在间接渠道模式中,由于有了中间商,生产商不用花大量的人力、物力和财力去和众多的消费者直接打交道。二是优质服务。多数中间商拥有丰富的营销经验和较完备的服务设施,可以更好地为商品提供展示、介绍、包装、送货上门,以及其他辅助加工服务。三是分担风险。间接渠道模式在生产商和中间商之间建立起一种共享的利益关系,即生产商与中间商要么共享将商品变为货币后的利润,要么共同承担商品未能变成货币的风险。

间接渠道模式的不足:首先是中间商的出现,增加交易费用;其次增加了信息沟通渠道的长度,有时会造成沟通不及时或信息传递速度较慢的问题;最后是由于中间商要追逐自身利益,可能不顾企业的分销政策而自行其是。因此造成间接渠道的运行效率低下,且生产商无法施加有效控制。

2.1.2 营销渠道宽度

营销渠道宽度,是指同一渠道层次上经销某种产品的批发商、零售商、代理商的数量。营销渠道宽度受产品性质、市场特征和企业营销渠道战略等因素的影响,营销渠道的宽度结构有三种类型。

1. 密集性营销渠道

密集性营销渠道是指制造商在同一级的中间环节中选用尽可能多的中间商经销自己的产品,这是一种宽渠道结构。在市场上,常见的日用品和大部分食品、工业品中的标准化产品和替代性强的商品等多采用这种分销渠道。

密集性渠道有以下优势:市场覆盖面大,能快速扩展市场;顾客接触率高,提升销售业绩;分销支持度强,能充分利用中间商。密集性渠道有以下劣势:厂商控制渠道较难,厂商需花费大量的费用,分销商竞争会异常激烈,分销、促销不专一。

2. 选择性营销渠道

选择性营销渠道是指制造商在同一层次的中间环节中选少数中间商进行商品分销,这是一种中宽渠道结构,通过渠道成员数量的控制,生产者对渠道的控制力得到加强。在市场中,消费品中的选购品、特殊品和工业品中的零配件多采用这种类型的渠道结构。

选择性营销渠道有以下优势:控制渠道较易,市场覆盖面较大,顾客接触率较高。选择性营销渠道所带来的问题主要有分销商竞争较激烈和选择中间商难,存在一定的风险。

3. 独家分销渠道

独家分销渠道是指制造商在同一层次的中间环节中只选用唯一的一家中间商来进行商品的分销,是窄渠道结构,主要适用于一些技术性强、价值高的商品。独家分销的优势有控制渠道容易,分销商竞争程度低,促销费用相对较低。独家分销的劣势有市场覆盖面小,顾客接触率低,过度依赖中间商。

表 2-2 营销渠道宽度利弊分析

渠道宽度结构	利	弊
密集性分销渠道 (宽渠道)	市场覆盖面大,能快速扩展市场; 顾客接触率高,提升销售业绩; 分销支持度强,能充分利用中间商	厂商控制渠道较难, 厂商需要花费大量的费用, 分销商竞争会异常激烈, 分销、促销不专一
选择性分销渠道 (中宽渠道)	控制渠道较易, 市场覆盖面较大, 顾客接触率较高	分销商竞争较激烈, 选择中间商难
独家分销渠道 (窄渠道)	控制渠道容易, 分销商竞争程度低, 促销费用相对较低	市场覆盖面小, 顾客接触率低, 过分依赖中间商

2.1.3 营销渠道广度

营销渠道广度,是指生产制造企业选择渠道的数量。制造企业可以用一条渠道进行产品的分销,也可以用多条渠道来分销产品条数。两条和两条以上的渠道广度称为多渠道组合。

1. 多渠道组合的主要类型

一是集中型组合方式。在单一产品市场组合多条分销渠道,这些渠道互相重叠,彼此竞争。如某公司在个人消费者和小公司的现货、大规模订制市场采取了无差异的人员推销、电话营销和网上分销三种渠道形式。

二是选择型组合方式。对产品市场进行细分,对不同的市场选择不同的分销渠道,这些渠道互不重叠,彼此之间也不存在竞争。如公司将市场分割为个人消费者的现货购买、小公司的大规模订制和大公司的独特解决方案三个子市场,分别采用网上分销、电话分销和无差异的人员推销三种方式。

三是混合型组合方式。它综合运用了集中型和选择型两种组合方式。一般的情况是选择型单一渠道用于某种优先权市场,集中型渠道用于较大规模的市场。如英国航空公司业务拓展的多条渠道组合,对大型业务活动的客户服务由人员推销单一渠道去开拓;对团体业务中的订票、度假规划经营,则采用了旅行社、因特网、电话营销、旅游商店等多条渠道组合的方式;对个体旅游者采用的是因特网、电话营销、旅游商店等多条渠道的组合。

2. 广渠道的利弊分析

营销广渠道具有以下优势:增加市场覆盖面,降低渠道成本,更好地满足顾客的需要,提高产品交易量。其不利之处主要有两点:一是在两条以上渠道对准一个细分市场时,容易产生渠道冲突;二是新渠道独立性较强,不易控制。

2.2 营销渠道系统组织模式

营销渠道包括若干渠道参与成员,这些成员的关系状况就表现为营销渠道系统。按渠道成员相互联系的紧密程度,营销渠道系统可以分为传统渠道模式、垂直渠道模式和水平渠道模式,如图 2-2 所示。

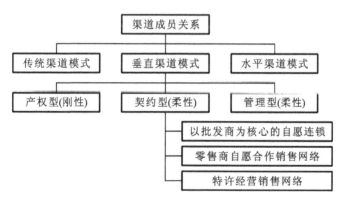

图 2-2 营销渠道系统模式类型

2.2.1 传统渠道模式

传统渠道模式也称为松散型渠道系统,麦克康门把传统渠道系统描述为:"高度松散的网络,其中制造商、批发商和零售商松散地联络在一起,相互之间进行不亲密的讨价还价,对销售条件各持己见,互不相让,所以各自为政,各行其是。"这种渠道模式中的各成员之间是一种松散的合作关系,各自都为追求自身利益最大化而进行激烈的竞争,甚至不惜牺牲整个渠道系统的利益,整个营销渠道效率低下。适合选择传统分销渠道模式的主要是中小企业。

传统渠道关系有如下优势:渠道成员有较强的独立性,进退灵活,进入或退出完全由各个成员自主决策,根据局势需要可以自由结盟,企业创新动力强,企业成长速度快。传统渠道模式的不足:缺乏长期合作的根基,无法充分利用渠道积累资源,缺乏有效的监控机制,渠道的安全性完全依赖于成员的自律,没有形成明确的分工协作关系,使渠道资源无法有效共享。

2.2.2 公司型垂直渠道系统

公司型垂直渠道系统也叫产权型垂直渠道系统或"刚性"一体化渠道模式,是指一家公司通过建立自己的销售分公司、办事处或通过实施产供销一体化及横向战略而形成的一种关系模式。公司型垂直渠道关系是渠道关系中最为紧密的一种,是制造商、经销商以产权为纽带,通过企业内部的管理组织及管理制度而建立起来的,相对于松散型渠道系统和管理型垂直渠道系统而言,其根基更为牢固。

企业可以通过以下两种方式来建立公司型垂直渠道系统:一是制造商设立销售分公司、建立分支机构或兼并商业机构,采用工商一体化的战略而形成的销售网络;二是大型商业企业拥有或统一控制众多制造性企业和中小商业企业,形成贸工商一体化的销售网络。相对于前者,贸工商一体化具有更为强大的信息及融资优势。

公司型垂直渠道系统的优势有以下几点:一是渠道成员行动一致;二是品牌统一,有利于树立公司的整体形象;三是最大限度地接近消费者;四是节省渠道管理费用和交易费用;五是能摆脱大零售商的控制。

2.2.3 管理型垂直渠道系统

管理型垂直渠道系统是指由一个或少数几个实力强大、具有良好品牌声望的大公司依靠自身影响,通过强有力的管理将众多分销商聚集在一起而形成的渠道关系。管理型垂直渠道系统和合同型垂直渠道系统并称为"柔性"一体化渠道模式,由这两种形式形成的企业关系就是渠道联盟。

管理型垂直渠道系统有如下几个特点。一是渠道系统会形成一个核心,实现资源整合。管理型垂直渠道系统形成的基础是将规模大、实力强的企业作为系统核心,核心企业对分销策略、规划、方向进行统一规划,这比过去的分散型渠道系统有着更高的分销效率。二是渠道成员之间的关系相对稳定。三是渠道成员的目标趋于一致。管理型垂直渠道系统的效率评价,不是以个别成员和短期收益为标准,而是以全体成员和长期收益为标准,保证各渠道成员都实现利益最大化。

管理型垂直渠道系统产生的一个重要原因是它比制造商自己的销售队伍具有更高的效率。目前,许多行业分销商已经强大到能够进行渠道管理的地步,这表现在:它们有足够的经济力量来独立行动而不是作为生产者们销售力量的延伸;它们在营销战略、协同宣传、物流管理等方面比它们所代表的生产商更有能力;它们还拥有一流的信息系统,具备强大的金融能力和分销能力。因此,制造商愿意与零售商进行这种关系管理型的合作。著名的宝玛模式即宝洁与沃尔玛之间的合作就是这种管理型垂直渠道系统的范例。

2.2.4 合同型垂直渠道系统

合同型垂直渠道系统又称契约型垂直渠道系统,是指厂商与分销商之间通过法律契约来确定它们之间的分销权利与义务关系,形成一个独立的分销系统。它与产权型垂直渠道系统的最大区别是成员之间不形成产权关系,而与管理型垂直渠道系统的最大区别是用契约来规范各方的行为,而不是用权利和实力。契约型垂直渠道系统的成员也有着不同的目标,存在一些为内在目标服务的正式组织,但其决策总是从内在结构顶端制定的,并得到渠道成员们的认可。契约型垂直渠道系统中的成员虽然独立运作,但通常总会同意承担某一部分的渠道功能。在这种渠道中,存在着系统稳定的标准。可见,契约型垂直渠道系统的内部结构比管理型垂直渠道系统更为紧密。

契约型垂直渠道系统的优势有以下几点:一是系统建立容易,组建成本较低;二是系统资源配置较佳;三是系统具有灵活性,契约型垂直渠道系统不涉及产权关系,调整起来相对容易,变更起来也具有一定的灵活性,可以及时修改和补充契约的有关条款,以适应不断变化的市场和分销要求。在当前市场中契约型垂直渠道系统的类型主要有以下两种。

1. 以批发商为核心的自愿连锁

在实践中,许多批发商将独立的零售商组织起来,批发商不仅为其零售商提供各种货物,还在许多方面提供服务,如销售活动的标准化、制订共同店标、订货、共同采购、库存管理、配送货、融资、培训等。这种分销网络往往集中在日杂用品、五金配件等领域。最著名的由批发商倡办的自愿连锁集团是美国的独立杂货联盟。加拿大轮胎公司也是一个很大的自愿批发商,它向有关的商店提供一系列不同的商品,如汽车部件及附件、五金器具、家用品、小用具以及运动品等。

2. 零售商合作社

零售商合作社中的网络成员通过零售商合作社这一商业实体进行集中采购、共同开拓市场、共同广告策划。成员间最重要的合作是集中采购,这样可获得较大的价格折扣,所得利润按采购比例分配。相对于以批发商为核心组织起来的销售网络,这种关系网络成员间的联系程度要松散一些,合作事项也少一些。从理论上来看,由于渠道组织的差别,由批发商倡办的自愿连锁应当比零售商合作社在竞争上更有效率。在前一种形式下,批发商代表系统内权力的位置,从而可以提供强大的领导力量。而在后一种形式下,权力则是通过成员来发散的,这样就导致任务专门化及资源配置的困难。然而,事实却是有些零售商合作社比批发商倡办的自愿连锁更成功。

3. 特许经营销售网络

在西方,特许经营是发展最快、地位最重要的一种模式,是指特许权授予人与被授予人之间通过协议授予被授予人使用特许权授予人已经开发出的品牌、商品、经营技术、经营规模的权利。为此,被授予人必须先付一笔首期特许权使用费,换得在一定区域内出售商品或服务的权利,并须遵守合同中关于经营活动的其他规定。因此,这种模式最能体现出契约型垂直渠道系统模式的特点。目前,特许经营已经渗透许多行业,如快餐业、汽车租赁业、印刷和复印业、饭店和汽车旅馆、旅游代理、书店、娱乐与休闲、修理产品及服务、广告服务、服装商店、财经服务等。美国的特许经营尤其发达,至少涉及六十五类商业部门。但是,并非所有的企业都适合开展特许经营。

2.2.5 水平渠道模式

水平渠道模式,又称为共生型营销渠道关系,是指由两个或两个以上成员相互联合在一起,共同开发新的营销机会,实际上是一种横向的联合经营。水平渠道模式包括三种主要形式:生产制造商水平渠道系统、中间商水平渠道系统和促销联盟。

1. 生产制造商水平渠道系统

生产制造商水平渠道系统是指同一层次的生产企业共同组建和利用营销渠道,或共同利用服务及维修网、订货程序系统、物流系统、销售人员和场地等。比如,2003年年末,由格兰仕牵头,全国十一家知名家电生产企业加盟,在北京推出了一项联合促销计划——消费者购买联盟内任一企业的任一产品,均可获赠总价值不超过五千元的优惠券,消费者凭优惠券到指定地点购买产品,可享受与优惠券同等面值的优惠。虽然这是"一场短命的联合促销",但却是国内家电生产企业建立生产制造商水平渠道系统的一次尝试。

2. 中间商水平渠道系统

中间商水平渠道系统的组织表现形式为:连锁店中的特许连锁和自愿连锁、零售商的合作组织等。它与契约型垂直渠道系统中的特许经营组织和零售合作社没有区别,只是视角不同而已。比如,当讲契约型垂直渠道系统中的特许经营组织时,强调的是特权授予人与被授予人之间的关系;当讲中间商水平渠道系统中的特许连锁和自愿连锁时,强调的则是特权授予人与被授予人之间的关系。再比如,当讲契约型垂直渠道系统中的零售商合作社时,强调的是生产制造商、采购联营组织和零售商之间的关系;当讲中间商水平渠道系统中的零售商合作社时,强调的则是零售商与零售商之间的关系。

3. 促销联盟

促销联盟是指产品或业务相关联的多个企业,共同开展促销活动或其他有助于扩大销售的活动。促销联盟的主要形式有共同做广告、共享品牌、共享推销队伍和场所、交叉向对方的顾客销售产品、互相购买产品、共同开展营业推广和公关活动等。促销联盟能使多个企业共享资源,节省渠道成本,提高渠道效率。根据联盟企业提供的产品或服务之间的关联关系,又可分为以下四种。

一是同类产品的促销联盟。比如,由同类产品共同举办的产品展销会、共同进行品牌宣传广告活动等。这类促销联盟可以由企业自行组织,也可以由中介机构、行业协会组织。

二是互补产品的促销联盟。计算机与外置设备、相机与胶卷、洗衣机与洗衣粉等都属于互补产品。如小天鹅与广州宝洁公司曾建立促销联盟,在高校中组建"小天鹅碧浪洗衣房"。

三是替代产品的促销联盟。例如,科健手机曾在做买一送一促销时以协和寻呼机为赠品。

四是非直接相关产品的促销联盟。两种产品没有直接关系,但是两种产品都有以销售优惠为促销方式的意图,于是两家企业自愿联系在一起,一家企业的产品或服务成为另一家企业提供产品或服务时给予消费者的消费优惠。如可口可乐的新包装产品在做有奖销售时,以联想计算机的新款机型为奖品。

水平渠道模式具有的优势是:通过合作实现优势互补和规模效益,节省成本,快速地拓展市场。但水平渠道模式也具有一定的缺陷:合作有一定冲突和困难。因此,水平渠道模式比较适合实力相当而营销优势互补的企业。

2.3 营销渠道的选择模式

一个企业所处的行业、所销售的产品不同,所设计的营销渠道也有所不同。而且随着企业的发展,传统的营销渠道也要经过改造以适应现代营销的发展。传统的营销渠道使企业彼此之间缺乏有效的联系和沟通,使企业的营销渠道处于松散的状态,当企业和渠道成员出现利益冲突时,就有可能使企业的渠道管理失控,从而导致企业的营销危机。在实际的渠道建设中,企业要通过一定的控制方式使营销渠道成为企业的有效商品传递通道。而且在实际的运作中,企业要根据自己的实际情况如资产、产品、管理水平与渠道的关系等来选择具体的控制方式。比较常见的营销渠道的选择模式主要有以下几种。

2.3.1 经销商模式

经销商模式是在营销渠道中一种最为常见的渠道方案。经销商模式主要由生产商、经销商、批发商、零售商构成。在国外比较大的生产企业,其选用的渠道方案大多是这种经销商模式。宝洁公司在进入中国市场后,通过在全国各地选择经销商,从而利用经销商渠道迅速实现产品销售。经销商模式的优点是生产企业利用经销商现有的渠道,组织渠道批发系统和零售系统,将商品从生产企业传递到消费者手中。在这一传递过程中,生产企业通过建立与经销商良好的合作关系,形成与经销商共存共荣的联合体。经销商的优势在于有健全的渠道,能够完成生产企业在目标市场的销售目标。生产企业的优势在于能够为渠道成员提供多方面的营销支持和优惠。

【案例】

日本松下公司对经销商的支持

日本松下电器产业株式会社(以下简称松下公司)对经销商的支持主要表现在两个方面。一方面是为批发零售店职工提供培训机会,如在近20年,松下公司组织零售店主参加营业研修班达到6万人次,并吸收零售店职工到松下学院进行维修技术和商品推销知识的培训等。另一方面,松下电公司还实行家电产品必须通过批发、零售店卖给消费者的制度,从而保证批发零售店的销售业务。

很显然,这种共存共荣的营销网络对于发展销售渠道与市场开发,扩大销售能力和增强信息能力都具有重要的意义。因为采用经销商模式后,生产企业负责市场开发,销售渠道负责商品销售。生产企业为打开销路,通常采用减价政策、研制新产品、广泛传授保护维修技术等办法,以满足社会需求。而销售渠道则在销售过程中,通过店员通信、电话征求顾客的意见,或到顾客家中访问等多种形式,进行极为广泛的市场调查,并将顾客的要求和信息及时地反馈给生产厂商,以推动产品的开发和改良。这对提高生产企业的市场开发能力,扩大销售网络的销售能力都有非常大的帮助。比较大的经销商网络也成为企业最广泛的市场信息来源渠道。但是我们不能不看到,经销商模式的弱点就在于企业对经销商难以控制,如果发生利益冲突,就非常有可能使企业建立起来的网络瘫痪。所以,利用一定的经销商政策加以管理与控制是保证经销商模式发挥作用的关键。

2.3.2 代理商模式

代理商模式是国际上通行的分销方式,主要内容是通过合同契约的形式取得生产企业产品的代理销售权或用户的代理采购权,交易完成后收取佣金。代理商选用的问题,一般出现在新的区域市场和专业产品的营销上,因为专业产品在营销过程中,需要专业的营销知识和技术知识,而这不是一般的经销商所能完成的,同时对于新产品,由于新的目标市场还不容易测定,所以,生产企业采用代理的方式,就容易获得中间商。厂商在一个不熟悉的市场,利用代理商可以迅速打开市场。

代理商在市场中按照是否有独家代理权,可以分为独家代理与多家代理。独家代理是指在某一市场(可能以地域、产品、消费者群等划分)具有独家权利,厂商的某种特定的商品全部由该代理商代理销售。多家代理是指不授予代理商在某一地区、产品上的独家代理,代理商之间并无代理区域划分,都为厂商搜集订单,无所谓"越区代理",厂商也可在各地直销、批发商品。

按照是否有权授予代理权可以划分为总代理商和分代理商。总代理商是指该代理商统一代理某一厂商某产品在某地区的销售事务,同时它有权指定分代理商,有权代表厂商处理其他事务。因此,总代理商必须是独家代理商。在总代理制度下,代理层次比较复杂,在某一市场中总代理为一级代理,分代理商可以是二级代理或三级代理。按照与厂商的交易方式有佣金代理和买断代理。最为常见的是佣金代理,它是一种纯粹的代理关系。

代理商模式对于节省厂商的财力,提高销售效率具有重要的意义。厂商选用何种代理方式取决于产品的销售潜力、企业的营销基础设施、企业对代理商的管理水平等多方面的因素。所以要灵活应用独家代理和多家代理,买断代理和佣金代理以及总代理,力求使企业能够达到促进产品销售,占有市场的目的。目前,销售代理制一般适用于进出口贸易、机械电子、汽车行业,以及一些无力自主开发市场的中小型消费品类公司所运用。

2.3.3 直销模式

直销是指厂商直接将产品销售给消费者,如戴尔公司等,这种销售的方式主要有上门推销、邮购、制造商自设商店以及现代的互联网销售等。直销网络的建设主要是依靠现代的营销媒介,如邮政系统、电信系统、互联网来获取顾客。在这方面做得最好的是戴尔公司,所以直销模式又成为戴尔模式。

【案例】

戴尔直销方式

戴尔直销方式就是由戴尔公司建立一套与客户联系的渠道,由客户直接向戴尔公司发订单,订单中可以详细列出所需的配置,然后由戴尔公司按单生产。这种销售渠道模式的实质是简化、消灭中间商,从而节省销售成本和储存成本,通过与顾客直接沟通达到产品销售的目的。

直销模式与传统的分销模式相比具有比较明显的优势。因为直销关注的是与顾客建立一种直接的关系,顾客能够直接与厂家互动。通过这种互动,不管是通过互联网,还是通过电话,或者与销售品面对面互动,顾客都可以十分方便地找到他们需要的产品,并能够得到十分专业的服务。对厂家而言,则是可以准确了解顾客的信息,很好地对顾客进行跟踪服务。现在越来越多的人会愿意接受直销。之所以这样说,是因为直销不仅仅指面对面的销售。它可以通过其他途径,与顾客建立互动关系。所有的大众化标准产品,都有机会实现直销模式,而且可节省很多用于销售渠道、代理商、展厅等方面的开支,把这些钱转送给顾客,这样产品更便宜,或者为用户提供更有成本效益的产品。

建立直销模式需要一定的条件。资产条件是最大的约束,首先是在广告上的投入。由于缺少面对面与顾客交流的机会和诸多的销售网点,直销厂商必须加大其他方面的宣传力度。其次,从表面上来看,直销越过了分吃利润的中间商,节省了可观的销售成本。但事实上是,公司首先得拥有一个日益庞大和复杂的全球信息和通信网络,包括免费的电话和传真支持。如戴尔公司平均每天要处理五万个以上的电话。同时,还要自己建立一支优秀的销售服务队伍。戴尔公司为弥补市场覆盖面和服务队伍精力上的缺陷,专门建立增值服务渠道,需要耗费较大的费用。与一般的计算机厂商相比,需要更强大的计划、培训、投资和管理能力,而这一切确实是一笔不小的投资。当然,适合直销的高端产品也是一个重要的条件。

2.3.4 直营体系

直营体系渠道也属于直销的一种模式,一般是指企业设分公司、办事处或者营销中心等。在我国应用直营体系渠道最为成功的武汉红桃K公司,其通过自己组建销售队伍,达到营销的目的。其渠道的建立是依照经销商的区位布局,自己设立办事处或分公司,这样就有了省级公司、地市级公司、县级甚至是乡镇办事处等渠道。这样设立渠道,优点在于能够按照公司要求管理渠道,建立与消费者面对面沟通的关系,这样有利于产品推广。直营体系的优点是能全面掌握市场,彻底掌握终端用户,全面提升市场铺货率等;缺点主要是耗资巨大,运营成本过高,若产品种类达不到一定数量,开展直营得不偿失,并且管理难度大,容易失控。虽然在理论上来讲,直营是大公司的渠道发展趋势,但是鉴于我国顾客消费能力低,购买地点过于分散,开展直营体系销售费用过高。

运用直营体系,企业必须具备以下基础:一是产品市场规模足够大;二是企业的财力雄厚,能支付得起前期的亏损;三是分级管理体系完善。

2.3.5 开设直营专卖店

企业为了自己直接控制终端,直接掌握信息,不想在终端销售上受制于人,就需要自己直接经营专卖店。现在越来越多的大企业倾向于这种模式,因为它们发现未来的销售是终端和渠道制胜,一个企业如果没有自己控制的终端和渠道,将会被淘汰出市场。因此许多企业越来越重视终端和渠道,因为没有渠道通路,企业的产品再好也永远待在仓库里。海尔就是这种模式最成功的企业。但是这种模式耗资大,投入周期长。这种模式用得最多的是时尚行业,如经营服装、皮带和表的行业。但如果监控不好,就会被主管这个店的厂家派的业务员利用,成为自己赚钱的工具。

2.3.6 特许经营

特许经营是指由拥有品牌的公司总部与加盟商签订合同,特别授权使其在一定区域和一定时间内拥有自己的商标、商号和其他总部独有的经营技术,在同样的模式下进行商品的销售及劳务服务的经营模式。这一模式的最大特征是:低成本、高速度的扩张和知识化、科学化的企业经营管理运作方式。特许人与受许人共同借助同一个品牌,在相同模式的约束下实现品牌的扩张,达到双赢或多赢。特许人向受许人提供统一的品牌、技术、管理、营销等模式;受许人向特许人支付一定费用。品牌特许经营战略可以实现品牌的快速扩张,由于借助他人的资金,相对低风险、低成本。它侧重于组织模式的创新,虽然特许经营有利用其他公司现有财务及人力资源的优点,但适用范围有限,一般适用于品牌服装业、快餐业、零售连锁业及其他服务性连锁企业。

2.3.7 网络营销

网络营销渠道是利用互联网提供可利用的产品和服务,以便使用计算机或其他能够使用技术手段的目标市场通过电子手段进行和完成交易活动。与传统营销渠道一样,以互联网作为支撑的网络营销渠道具备传统营销渠道的功能,涉及信息沟通、资金转移和事物转移等。目前网络营销渠道主要有以下几种方式。

一是 C2C 渠道。如淘宝、拍拍、有啊商城。目前对很多传统企业来说,做电子商务就是在淘宝开店,销量也绝大部分来源于淘宝。但对于传统大型企业来说,从长远来看,淘宝只能作为一个销售渠道,不能作为唯一的渠道,必须发展全方位渠道,争取未来的主动权。

二是 B2C 商城渠道。如当当网、卓越网等。它们在线上渠道的地位相当于线下的沃尔玛、家乐福。2009 年,中国前十名的 B2C 商城大多开始转入百货商城,大多数商品品类都卖,并正在建立其他品类商品供应链,这就给传统企业进入 B2C 渠道提供了机会。如果企业的商品是市场上热卖的商品,又有电子商务的客服体系等基本条件,保证这些平台一定的毛利空间,就有可能成为这些 B2C 平台的供应商。

三是银行商城渠道。中国大部分银行商城及信用卡商城都建设有 B2C 平台,据笔者的经验,银行网上商城这个渠道价值非常大,银行拥有大量网银支付的用户。

四是门户商城渠道。如腾讯 QQ 会员商城、腾讯返利商城、新浪商城、搜狐商城、网易购物返现商城等。中国的主流门户都有自己的 B2C 商城,虽然它们都没有发力,门户商城的交易量也还暂时不大,但门户的影响力及庞大用户量是不可小觑的。门户也欢迎直接与厂商合作,如果厂商和这些门户有广告投放合作,结合推广进入商城,会更容易一些。

五是积分商城渠道。比如说平安万里通商城、网易邮箱积分商城、携程特约商户等。现在很多有庞大用户量的机构,建有自己的积分体系,并将这个积分和电子商务结合。在积分体系商城中,平安万里通是做得最极致的,将自己的 4 000 万用户的积分变成一个商城,从平安万里通的入口可以直接购买其他 B2C 平台(如 1 号店及红孩子等)上的商品。由于积分商城渠道是给机构的积分用户带来优惠,所以对商品价格的优惠力度要求较高,而且要求合作伙伴能和它们对接网上同步订单操作,对技术接口要求也高。1 号店的总销售额中 60% 来源于平安万里通这个渠道,超过其他渠道及官网销售额的总和,其效果可见一斑。网易邮箱及携程用户也是海量级别的,将它们的部分用户转为购买用户,对商务拓展及公关工作带来极大挑战,但一旦变成销售渠道,其战略意义是很大的。

六是运营商渠道。目前有中国移动商城、中国联通积分商城、中国电信商城。随着移动互联网兴起及移动支付的普及,这个渠道的战略意义会越来越大,属于提前占位的策略。和中国移动商城的合作如果每天能带来上 10 单,等于多开了一个销售渠道与支付手段。

由于传统企业缺乏互联网经验,缺乏建立线上渠道的经验,当前已有专业的全渠道方案解决服务商提供此类服务。此外,企业还有将网络推广与以上渠道结合的需求,如进入新浪商城,在新浪做广告促销,进入迅雷商城,利用迅雷的推广资源进行渠道促销,形成整合的推广效果,这种进入渠道再进行渠道推广的方式,比现在单纯打网络广告的方式,ROI(投资回报率)可以提高好几倍,从而达到替传统企业树线上品牌、建线上渠道、促渠道销售全面整合的效果。

【思考题】

1. 什么是营销渠道的结构?我们可以从哪几个方面去认识营销渠道的结构?
2. 简述营销渠道模式类型,传统的营销渠道模式的具体做法有哪些?
3. 营销渠道的主要发展趋势表现在哪些方面?为什么会这样?

【驱动任务与实训项目】

任务与实训内容

查找一家企业,了解其渠道结构类型,收集行业有关资料,分析为什么这个企业要采用现在的渠道结构,形成自己的观点和分析总结报告。

实训目的

(1)掌握营销渠道结构的类型;
(2)学会立足于市场现状分析企业的渠道结构问题。

实训要求

(1)在上课之前准备相关资料;
(2)完成文档报告并在课堂上进行交流与互评。

【课后案例】

联想公司营销渠道的演变

1. 传统的代理分销阶段:1994—1997 年

1994 年以前,联想集团(以下简称联想)渠道在全国各省份设立了自己公司的派出销售机构——分公司,当时的渠道能力只是简单的铺货和回款,对产品的最终流向几乎没有了解,对消费者的需求特点缺乏把握,渠道处于粗放型、低功能的初级状态。

1994 年,联想放弃直销,转向分销,实行代理制。1994 年年底,联想的代理合作伙伴为 49 家。1997 年,为了加强对市场腹地的纵深开发,联想设立了分销商,变一层渠道构架为二层渠道构架,使联想的规模得到了迅速、空前的扩大。

2. 紧密分销阶段:1998—2005 年

(1)大联想概念的提出。

1998 年,联想在"龙腾计划"中首次提出"大联想"的概念,以商业伙伴的角色定位与渠道伙伴的关系,按照产品线、地域来划分渠道。建立在"风雨同舟、荣辱与共、共同进步和共同发展"大联想理念的基础上,巩固发展了区域大分销商和地区分销商,并成立了联想顾委会,联想与分销商由"分散到紧密、由短期到长期、由商业到事业",使渠道的利益与联想的利益紧密相关。

(2)渠道信息化水平的提升。

这个时期的标志性事件是 ERP 的实施,ERP 不光大大降低了渠道成本,而且提升了与渠道成员之间信息交换的数量、质量和效率,联想实施 ERP 之后,一年总计降低成本6亿多元。

(3)"1+1"专卖店的建设。

1998 年,伴随着家电企业强调掌握终端、精耕细作、微利搏杀的冲击,联想实施了联想"1+1"专卖店加盟计划,在"5个统一"(统一形象、统一管理、统一供货、统一价格、统一服务)的基础上,建立了与众不同的黄底蓝标黑字标志的"1+1"专卖店。

(4)功能型渠道策略。

2001 年,联想推出功能型渠道策略,渠道的功能被分为物流配送、系统集成、客户关怀、运营维护、客户体验和渠道支持等共6种。在这6种功能的基础上联想还建立了5种渠道。具体的操作是:原来的分销商和部分地区分销商转化为增值服务商;原来的代理商和部分地区的分销商转化为增值代理商;原来的经销商转化为地区代理商。在这三种基本渠道的基础上,联想还将强化两类渠道的建设:一是系统集成商;二是商用营销服务中心,即现在的商用精品店。

(5)电话直销。

2003 年 8 月,联想建立了自己的电话直销队伍。

(6)大联想一体化战略。

在推出功能型渠道策略之后,联想又觉得还缺少一种更强大的推动力。为此,联想推出了一个大联想一体化战略。在大联想一体化战略之下,联想将其组织分为前端和后端两大结构体系:前端是联想集团市场部、大区和渠道三位一体的区域营销体系;后端是研发、制造及商务活动管理体系。这种结构体系使得内外资源有效调配、客户需求得到把握和快速响应、动作高效并降低成本。

3. 集成分销阶段:2005 年 5 月开始

2005 年 5 月,联想提出了渠道改革的新思路:集成分销。集成分销的核心思想就是将联想、渠道看作一个整体,面向客户做一体化的设计,清晰角色定位与分工,加强互动,提高整体动作效率。集成分销战略是柔性企业战略在大联想体系中的自然延伸。集成分销与联想以前的分销体系相比,主要有四个特点:一体化设计、客户制导、专业分工和协同作业。目前,联想有 200 余家分销商,3 800 家合作伙伴,5 000 个店面,20 万销售服务队伍,100%覆盖全国 1~6 级市场,65%的合作伙伴是当地市场的前三名。总之,正如联想领导层杨元庆、刘军等所表示的,渠道变革是联想"成功的法宝"。

(资料来源 常永胜《营销渠道:理论与实务》)。

[案例思考]

1. 联想集团的营销渠道演变过程中分别采用了哪几种类型或结构?

2. 不同类型的渠道各有什么特点、各有什么利弊,联想集团是如何规避其弊端的?

任务3 营销渠道管理岗位认知

【任务引入】

章总是某公司从事营销渠道开发与管理工作的总监,最近要对公司的营销渠道管理部门进行一次调整,想重新构建公司的营销渠道管理体系。公司的渠道管理部门该如何重设？如何分配公司渠道管理部门的权力和人员呢？企业营销渠道管理职责该如何分析？

【任务分析】

涉及营销渠道管理和开发工作的岗位比较多,营销渠道管理岗位主要要弄清楚公司的职业岗位群,以及这个岗位群的内部结构,完成企业营销渠道管理岗位体系的设计、部门岗位的职责分配、人员的配置与相关职责说明书的编制。

【知识链接】

3.1 营销渠道开发和管理的职业岗位群

涉及营销渠道开发和管理工作的岗位比较多,在不同的企业有不同的职位称号,比如说：康柏计算机公司称其为渠道主管；可口可乐公司称之为客户业务发展主管。在一般的公司中,主管营销工作的总裁、总监、区域经理、营销经理、分公司经理都会涉及营销渠道管理工作。根据管理者在企业组织中所处的不同位置,营销渠道管理岗位分为高层管理者、中层管理者、基层管理者和作业人员。

营销渠道职业岗位群如表 3-1 所示。

表 3-1 营销渠道职业岗位群

管理层次	具体岗位	主要渠道管理职责
高层管理者	营销总裁、营销总监	制定营销渠道战略、目标,渠道绩效评价政策等
中层管理者	大区经理、分公司经理、产品经理等	贯彻高层的渠道决策,协调基层渠道管理工作
基层管理者	营销主任、区域经理、渠道经理	分配具体的渠道工作任务,监督作业人员渠道开发与管理
作业人员	销售代表、业务员、业务经理、推销员等	负责渠道的设计、开发与维护

3.2 营销渠道经理岗位认知

3.2.1 渠道经理的定义

渠道经理是指生产企业中负责渠道管理与决策的人。渠道工作团队通常由渠道经理和渠道业务员组成。渠道经理一般分为三个层次：高层渠道经理、中层渠道经理和基层渠道经理。

渠道经理的工作主要有三项：渠道工作的管理、渠道工作人员的管理和对下级渠道经理的管理。不同的生产企业由于生产经营的规模不同，渠道经理的层次设置和人员数量也不尽相同。在大型的生产企业中，通常会有这三个层次的经理人员工作在不同的业务领域，但在一些小型的生产企业中，有时企业的总经理就是渠道经理。在实际工作中，具体到营销渠道的运行与管理，很少有生产企业会单独设立渠道经理的职位，但在这些组织中确实有类似的职位，它们部分或全部地履行了渠道经理的职责。不同类型企业中渠道经理的称呼如表3-2所示。

表3-2　不同类型企业中渠道经理的称呼

营销渠道团队（理论划分）		营销渠道团队（实际称呼）		
		大型企业	中型企业	小型企业
渠道经理	高层渠道经理	营销总经理	总经理	总经理
	中层渠道经理	营销部门经理、地区销售经理、产品部门经理	渠道主任、销售总经理	
	基层渠道经理	销售业务经理、品牌经理	销售网点经理	销售经理

在美国企业中的发展经理、团队经理、贸易主任、销售经理、客户经理、贸易经理、团队顾问、市场顾问、贸易副总裁、贸易关系经理、销售开发主任等职位，都从事营销工作和事务，且与渠道管理和决策高度相关，因此，也可以归为渠道经理。由于渠道决策涉及不同的职能部门和企业类别，所以，撇开生产企业中管理职务的具体名称，而认真判断管理者是否从事渠道决策，才是定义渠道经理的关键。即使企业的组织结构中并不含有渠道经理这一职位，也没有把与渠道管理和决策的任务放在这样的职位之中进行归类，但是，如果确实存在渠道管理和渠道决策性质的工作，那么，担任此类工作的管理人员就是实质上的渠道经理。

3.2.2　渠道经理的岗位职责

与管理的职能相对应，渠道经理的具体职责主要包括渠道设计、渠道组织、渠道激励和渠道控制。

1. 渠道设计

渠道设计指在市场调研的基础上，根据企业外部环境和企业的战略目标、自身的优劣势，对企业的渠道目标、渠道结构、渠道管理办法和政策等进行的规划活动，也可以称为渠道策划。渠道设计的具体内容包括：对现状的理解和对未来趋势的预测；建立渠道目标；制订各种方案，制定各种政策，以及制定达到目标的具体步骤等。

2. 渠道组织

渠道组织一方面是指为了实施渠道设计方案而建立起来的组织结构，另一方面是指为了实现渠道目标所进行的组织过程。渠道组织的具体工作有两项：一是根据渠道设计的结构选择渠道参与者；二是在不同主体之间进行分工和协作，以保证渠道目标的完成。

3. 渠道激励

在选择和确定了中间商之后，为了高效率地实现企业的渠道目标，就要促使中间商与自己合作。当然，如果企业在渠道中处于领导者地位，那么渠道经理就要领导整个渠道的所有成员完成渠道任务；如果处于从属地位，也要采取各种措施激励其他成员与本企业建立一种良好的合作关系。渠道激励包括的主要内容是：研究渠道过程中不同渠道成员的需要、动机与行为；采取措施调动其他渠道成员的积极性;协调渠道关系,避免大的渠道冲突或矛盾发生等。

4. 渠道控制

如果是直销渠道,渠道控制就是对企业销售队伍或企业销售分支机构的控制;如果是中间商渠道,渠道控制则指一个渠道成员对另一个渠道成员在某些决策内容方面的影响。一般是指后一种情况。渠道控制的内容从纵向和横向两个方面来介绍。从纵向方面讲包括:制定各种控制标准;检查工作是否按计划进行及是否符合既定的标准;对各渠道成员经营状况进行监测;对渠道网络运行效率和效益进行评估,并适时加以调整;消除渠道成员间无益的利益冲突和内部耗损,防止渠道混乱。从横向方面讲包括:对产品和服务质量的控制;对价格和费用的控制;对销售区域的控制;对广告与促销方式的控制。

【补充阅读 3-1】

某公司渠道经理的岗位说明书如表3-3所示。

表3-3 某公司渠道经理的岗位说明书

岗位任务	①为上级主管制定销售指标提供意见; ②制订科学的渠道管理计划,保证向渠道及时供应产品
岗位职责	①协助营销总监制定事业部、区域营销中心及营销分公司的营销额、利润及营销费用等指标; ②协助事业部经理和财务部经理制订经营计划、资金预算计划; ③参与制订事业部的产品生产计划和营销计划; ④负责货源调配管理、总部展厅管理、渠道网络建设与管理; ⑤负责营销渠道中所涉及的劳动、人事、工资等管理; ⑥负责考核区域营销中心、营销分公司的库存、营销业绩、渠道网络建设情况; ⑦负责本部门的日常行政事务(如公文、档案、清洁卫生)的管理; ⑧完成领导交办的其他相关任务
岗位技能要求	①组织领导能力和团队精神; ②沟通、协调能力; ③较强的数据分析能力; ④熟悉行业竞争状况
岗位资格要求	①工商管理硕士,最好是营销专业; ②两年以上相关工作经验,具备管理工作经验或通过某种方式能够证明自己具备渠道管理的素质

3.3 营销渠道管理人员的职业能力与开发

3.3.1 营销渠道管理人员的能力要求

营销渠道管理人员的能力,主要要求在营销渠道管理支持能力、营销策划执行力和专业能力等三个方面进行加强。

1. 营销渠道管理支持能力

在营销渠道管理支持能力方面,要求管理人员能够有效利用、整合内外部资源满足代理商的特别需求,在不影响企业根本利益的前提下,利用自己的信息优势和影响力有效平衡不同管理区域内不同代理商之间的利益,维持良好的市场秩序,要时时掌握营销渠道中任何涉及组织结构、经营策略、经济状况等的变更信息,提出应对策略,预防并规避由营销渠道变化而可能产生的对企业业务目标的影响。具体的能力要求主要体现在以下几个方面。

一是要具备制定和调整业务流程,监控代理商的业绩表现,并及时调整相应的销售计划的能力。

二是具备透过营销渠道管理,收集、总结、分析终端用户和竞争对手的信息的能力,向公司建议调整相关产品的销售和市场推广模式。

三是要了解和掌握代理商的业务运作目标和面临的挑战,能帮助代理商找出其业务流程的瓶颈和提高改善的环节,深刻理解企业文化、经营管理运作模式的特点和历史发展的经验教训,并结合渠道代理的实际情况和需求,引导其向专业化方向发展,帮助其提高管理水平。

四是要能根据市场状况,帮助代理商分析和预测市场前景,共同制定合理的市场应对策略和共同制订辖区营销计划。

五是总结和教育能力。营销渠道管理人员要能总结自己在渠道管理方面的经验,记录成内部培训资料,并能够以培训、讲座等形式进行知识转移,与其他同事和渠道成员进行分享,协助他们成长和共同提高。

2. 营销策划执行力

营销渠道管理人员要做到结合辖区的消费特点、渠道结构和市场竞争等情况,将公司的总体营销计划在具体的实施过程中做到本地优化,并及时向公司市场营销部门提出调整和反馈建议,在工作过程中要积极与相关部门沟通,争取协调各方资源,组织实施组合营销策略。要做好以上工作,要求营销渠道管理人员加强以下几个方面能力的培养。

一是营销方案执行与效果评估能力的培养。对当期组合营销方案实施效果进行分析评估,能够明确指出哪一种营销手段的活动效果更好,把市场营销方面的知识与自身的销售管理经验相结合,提高自身的综合管理经验。

二是培养渠道的监督和控制能力。能够跟踪和监督公司整体营销渠道政策落实与执行,及时纠正执行过程中出现的偏差和提出实施建议,对具体的配套政策能够根据实际情况提出有效建议,如分期付款、租赁、捆绑销售等。

3. 专业能力

营销渠道管理人员还必须要了解行业的各种技术和应用知识,不断关注新的技术应用发展趋势,结合销售的专业技巧将其很好地应用到渠道销售业务中。在专业能力方面要求营销渠道管理人员具备企业产品和技术的专业知识与技术能力,此能力体现在公司内部和公司外部两个方面。

对内的渠道成员要求能够与公司内部的产品研发和生产部门进行有效的沟通,比如:能够在渠道销售过程中发现公司产品在功能上和客户需求定位等方面的问题,并及时向相关部门反映;能够对渠道代理提出多线产品的代理组合建议;能够对公司产品规划和定位等决策提出有效建议。

对外的渠道成员能得到渠道中间商基础性的技术支持,能够就所负责销售的产品,针对代理商的销售人员组织开展产品技术培训。

3.3.2 营销渠道管理人员的胜任力模型

营销渠道管理人员胜任能力模式分为两大模块,即该序列人员需要具备的基本能力和专业胜任能力。渠道销售序列的基本能力包括:沟通表达能力、逻辑分析能力、协调推进能力。渠道销售序列的人员的专业胜任能力主要包括:市场信息分析能力、渠道规划建设能力等。

1. 营销渠道销售基本能力

一是沟通表达能力。沟通表达能力主要从以下方面进行要求。

(1)喜欢与他人沟通,即使面对不熟悉的场合或相当多的听众时,仍不畏惧当众沟通,表现出足够的自信。

(2)耐心倾听他人或者客户的需求,积极了解其他部门和客户公司业务流程的操作以及了解操作过程中的问题。

(3)记录、复述并确认自己与客户沟通的重要信息。

(4)善于运用书面表达方式,为客户提供观点明确、思路清晰、简洁的材料,比如,公司的产品方案介绍材料和专业文件等。

(5)作为公司渠道管理的代表,能够用口头陈述和肢体语言准确地向客户传递自己的意向及意向产生的背景和原因。

(6)在双方意见不统一时,虚心听取他人的观点及其产生的原因,积极寻求达成一致的解决方法。

(7)耐心听取代理商的质询和投诉,并及时做出合理的判断,给出反馈意见和处理方案,在回答客户提出的问题时,能够明确说明前后的因果关系。

二是逻辑分析能力。逻辑分析能力主要从以下方面进行要求。

(1)从客户支离、零散的信息中总结整理出客户真正和可能的潜在需求,从多角度思考问题,能在渠道发生的不同事件中找到关联点。

(2)能够将现行的业务步骤流程化,发现问题时,能快速找到关键节点和突破口。

(3)学会"用数据说话",善于用与本岗位相关的关键绩效指标(如销量、销售额、回款率等)解释问题,并能够以文档形式保留和分析历史数据,为后续的决策提供依据。

(4)遇到问题,不是一味蛮干,而是独立或与其他成员一起仔细寻找问题的根源,再解决问题,能积极主动参考(自己的或他人的)以前的工作经验,加以分析后灵活应用。

三是协调推进能力。协调推进能力主要从以下方面进行要求。

(1)根据本部门和本人的业绩目标,制订出合理有效的日、周、月工作计划来实施具体的工作目标,制定工作规划时,考虑一种或一种以上的备用方案。

(2)在处理多重任务时,能分清主次,有效利用自己和他人的时间。

(3)对已明确承诺的内、外部客户需求和工作目标,能积极寻找内、外部资源并予以落实,将落实结果及时向相关客户通报。

(4)对于已达成一致的沟通或协议,要列出时间推进表,有计划地监控客户方或公司内部协同部门落实;根据已找到的"关键绩效指标(KPI)"制订出相应的实施推进计划和制定出提高完善的措施。

2.营销渠道销售专业胜任能力

一是市场信息分析能力。市场信息分析能力主要从以下方面进行要求。

(1)充分掌握辖区内渠道、产品、市场等信息资源,了解相关产品的历史和现行市场情况,有意识地建立所辖区域的情报信息体系。

(2)利用相关数据,分析相关产品的市场发展趋势,不仅要能发现渠道当前存在的问题,还能够预见潜在的危机,将自身"分析数据监控驱动业务"的工作成果以书面形式与他人或相关部门分享。

(3)能够对各种代理和终端用户做进一步的市场细分,分析不同用户的具体需求。

(4)通过获得的竞争对手情况,分析其市场策略对产品的影响,区分自己公司与竞争对手在能力和资源上的差别,由此提出短期应对策略的建议,并与相关人员及时沟通自己的建议。

二是渠道建设规划能力。渠道建设规划能力主要从以下方面进行要求。

(1)对辖区内的渠道状况了如指掌,选择明确的目标渠道进行业务拓展,特别是针对公司新产品和服务业务;根据自己的工作经验对建立良好的代理渠道结构(地域、行业、多线产品组合等)有鲜明的见解和良好的预测。

(2)能够针对公司既定的年度业务目标(经营指标和新产品或服务)及发展方向,制定辖区渠道拓展的整体规划,特别是针对新产品或服务的合理渠道布局,参与辖区年度销售预测的决策,并能够将辖区总体销售指标进行分解。

(3)制订具体可行的合作伙伴(渠道代理/终端商用客户)年度发展计划和实施推进时间表。

(4)根据行业、客户群和中间商的特点和变化规律,能提出向新行业、客户群渗透的拓展计划。

(5)全面掌握辖区内渠道成员的经营状况及其他市场动态信息,提前发出预警帮助公司规避经营风险和做出准确的销售预测。

【思考题】

1.现实中从事营销渠道管理工作的有哪些岗位,其渠道管理工作是如何分配的?

2.从事营销渠道管理需要哪些职业能力。

3.渠道经理的工作职责有哪些?

【驱动任务与实训项目】

任务与实训内容

查找一家企业,结合该企业所处行业的特点,为该公司的基层渠道开发业务员编写一份岗位说明书,内容包括岗位要求、工作职责和岗位要求等。

实训目的

了解和认识企业中渠道开发人员的工作进行,为学生进入企业从事基层渠道管理工作打下基础。

实训要求

1.在上课之前安排学生查找相关资料,结合企业和行业特性编写岗位说明书。

2.学生完成文档报告并在课堂上进行交流与互评。

【课后案例】

渠道管理部是做什么的？

在许多制造企业总部职能模块中，总会设立这样一个部门——渠道管理部。即策划有市场部、销售部，服务有售后部。渠道管理部到底是做什么的呢？

有人说：渠道管理部主要是签大单的，特别是在家电企业，如国美、苏宁等，是签订全国性合作协议，协助各分公司（中心）或代理商开拓市场的。有人说：渠道管理部，顾名思义，是做渠道管理的，比如，设定渠道开拓激励政策，督促各省分公司或代理商进行市场开拓，并统计分析各渠道类型数量产出等。还有人说：渠道管理就是要做好支持工作，为各分公司提供枪支弹药，比如，智力支持与资源支持等。

笔者作为家电渠道管理的从业者，对渠道管理部有自己的看法，现与大家分享。渠道管理部可以做得默默无闻，每个月或每个季度提交一份渠道统计表，也可以做得有声有色，规划、拓展、落实、宣传一样都不丢。那么，渠道管理部应该定位什么角色？应该怎么做呢？笔者认为，渠道管理部应该做到以下几个方面的工作。

1. 渠道规划——战略指挥者

这一项工作是年度渠道管理工作中最为基础、最为重要的工作。每年年初，各家电企业通常会提交产品规划、推广规划，但是，往往没有渠道规划，因此，年度渠道规划也是最容易忽略的工作。一份完整的渠道规划通常包括以下内容：本年度渠道策略实施报告与总结；下一年度行业及渠道趋势报告；下一年度企业渠道战略规划及策略；下一年度支持渠道策略实现的各项政策及执行落地方案。

渠道战略规划关系到企业对渠道发展动向的判断，关系到企业渠道资源的投放，关系到企业产品的销售通路，渠道规划是方向性的、战略指挥性的，如果方向发生偏差，那么企业的发展就会慢慢被对手拉下，因此必须重视。

2. 渠道开拓——销售引擎

得渠道者得天下，渠道作为企业的一项重要资源，在营销活动中处于重要的位置。渠道管理部作为产品在市场上流动的主要责任部门，肩负着产品自工厂仓库流出后到消费者家中的所有渠道营销活动。

在现阶段，生活类家电，比如，电饭煲、电风扇、豆浆机等产品的销售渠道不外乎家电连锁、超市连锁、专卖店等，部分家装类家电产品，比如，厨卫、空调等还可以在建材超市、家装公司等渠道里面进行销售。任何一家企业想在所有的渠道里面都占有优势，显然不太现实，但如果渠道管理部能够有步骤地开拓几个大型渠道，签订全国性大盘协议，则可以对销售的作用立竿见影。现阶段，许多渠道对于家电企业来说，都是陌生的、不熟悉的，但是某些渠道是具备很大销售潜力的，因此，渠道管理部必须去统筹这些渠道，联合所有产品的力量，与这些渠道签订年度合作协议，让产品能够在这些渠道中"流动"起来，增加企业的销售额，这就是销售引擎的作用。现在网络渠道、团购渠道等发展迅速，但是许多家电企业始终无法解决供货方、物流、窜货等问题，也限制了企业销售的增长。

3. 资源支持——"后勤兵"

年度渠道规划制定以后，家电企业一般都会要求渠道管理部进行年度预算，即规划下一年应该花多少钱,在哪些地方花钱,花钱能够达到什么目的。这些资源都是控制在渠道管理部手中的,也是分公司或代理商在市场上冲锋陷阵的"火药"。

这些资源是真金白银,可以看到,最直接的,但是,还有部分资源不能少,那就是智力资源支持,比如,某些渠道开拓指南、经典案例分享、竞争对手案例分析、集中培训等,这些智力支持,往往是许多家电公司做得不足的地方。钱多好办事,但是没有头脑也办不成事,所以,物质资源与智力资源,必须双管齐下,让分公司或代理商不仅仅要做,而且要方法得当,方向准确。

4. 过程监督——"看门犬"

年度渠道规划制定以后,一定要让渠道规划落地,也就是能够将策略转化为具体的数据指标,并分配到总部每个人或分公司(或营销中心)。在其中,往往会涉及各种资源的补贴,比如,进场费、门头补贴、报销费、租金公担等。在此过程中,渠道管理部必须进行过程监督,做好台账,控制好投入资源的使用情况,虚假的必须处罚,材料不全的不能核销等,这些都是渠道管理部作为"看门犬"的责任。有时候难免会有部分分公司经理打电话过来求情,这个时候就是考验渠道管理部智慧的时候,报还是不报,不能一概而论。

5. 氛围营造——"发声筒"

有一个营销行业前辈曾经告诉笔者:销售就像打麻将,是需要氛围渲染的。试想一下,在一个充满激烈竞争、充满激情的企业氛围中,各个营销员都是精神饱满、信心满满的,在这种氛围中,就很容易创造成绩,因为一个人良好的精神风貌可以带动销售成绩的提升。

如何营造出这样的氛围呢? 渠道管理部必须承担"发声筒"的责任:把企业内部竞争的气氛调动起来,把好的成绩宣传出去,把奖罚信息及时宣扬出去,让企业内部形成一种积极向上的竞争氛围。氛围形成以后,往往会出现火一阵,消声一阵的情况,如何避免这样的情况,需要企业有步骤地开展各项"运动",以运动的方式带动企业某些能力的提升。

[资料来源] 中国营销传播网。

[案例思考] 对于渠道管理部的角色定位,不同的人有不同的看法,结合案例谈谈自己对渠道管理部的认识?

项目 2 营销渠道设计与开发

【教学目标】

知识目标

(1)理解营销渠道设计的原则与流程;
(2)掌握营销渠道方案评选的方法;
(3)掌握中间商选择的标准和方法;
(4)掌握营销渠道开发的政策内容与制定方法。

能力目标

(1)能结合企业设计营销渠道;
(2)能结合行业特点制定中间商选择标准与制订方案。

教学任务

(1)营销渠道的设计;
(2)营销渠道成员的选择;
(3)营销渠道开发策略与政策。

【引导案例】

"资生堂"中国市场渠道策略解读

2006年年初,在资生堂株式会社新任社长前田新造来华访问的几个星期前,资生堂旗下子公司资生堂药品携其针对干燥肌肤问题的著名品牌菲璐泽来到中国,首次进驻药妆店。而此前,在药妆领域销售的化妆品主要为法国欧莱雅集团旗下的薇姿、理肤泉以及法国雅漾等。2006年7月24日,日本经济新闻报道:资生堂将关闭在上海等3处"焕彩空间"化妆品直营专卖店。具体日期为:上海南京西路的直营专卖店于7月25日正式关闭,北京店和杭州店分别将于9月10日和9月25日关门。而原因则是"这些直营店完成了他们示范店的使命",北京与杭州两家的店铺租赁合同也正好到期。在资生堂关闭直营店的同时,资生堂相关人员表示,在2005年年底,资生堂化妆品专卖店已经达到了1009家,到2006年年底签约专卖店达到1700家,而其目标是在2008年达到5000家的规模,即平均10余万城镇人口拥有一家签约专卖店。

1.资生堂营销渠道策略概况

至此,资生堂在中国市场的"四"面出击渠道策略已经完全显现:①继续坚持城市中高端市场的占有与维护,保障高档百货商店专柜的竞争力;②坚持向二级、三级市场下沉,以签约专卖店的形式覆盖大众市场;③进驻一线市场中以屈臣氏、千色店、万宁、丝芙兰为代表的个人护理与化妆用品连锁店;④进驻药妆店,开辟新的化妆品销售市场。这些方向,最为资生堂倚重的就是向二级、三级市场下沉,大力发展签约专卖店。

而这种策略的转变,始于2003年9月25日,彼时资生堂发表中国市场战略,计划在全中国设立化妆品专卖店。同年9月26日,面积110平方米的资生堂直营1号店"焕采空间"在上海南京西路开业,由此拉开了资生堂专卖店攻坚战的序幕。2004年年初,资生堂在上海全额投资35亿日元(约合人民币2.2亿)设立资生堂(投资)中国有限公司,负责主攻签约专卖店渠道。而在此之前,资生堂一直坚守一线市场的百货商场专柜渠道。在2002年2月以前,资生堂已在中国设立了20个办事处,并在80个大中城市的商场设立了270个专柜,其销售额占到资生堂中国市场营业额90%以上的比重。

2. 资生堂营销渠道变革原因分析

所谓签约专卖店,不同于业界所熟悉的雅芳专卖店模式,它是由资生堂公司选择既有的化妆品专营店进行合作,在店内设立资生堂专柜以销售产品。通过这些店铺,把产品带到了之前商场专柜所无法覆盖的中小城市。2003年,资生堂从浙江开始试点,第一期开出了30多家店,而后在浙江省开到60家,然后一个省一个省地推广、布局。目前,资生堂已在全国签约了1400多家这样的专卖店。而根据规划,2008年这些签约专卖店将在中国遍地开花,达到5000家。

资生堂为什么要大力发展签约专卖店呢?一线市场增长放缓,竞争日趋激烈,资生堂需要寻找一个新的增长点。1991年11月,资生堂与北京市丽源公司缔结设立合资公司的合同,中外合资资生堂丽源化妆品有限公司成立,资生堂开始正式涉足中国市场。在经过为期两年全面深入的市场调查工作之后,资生堂确立了以一线市场的百货商场专柜为主的渠道模式,并提出了"高品质、高服务、高形象"的三高营销策略,在以后相当长的一段时间内,资生堂取得了很大的成功。2005年,资生堂中国市场销售额达到11亿元。但是,随着其他跨国企业的不断进入,中国一线城市国际品牌拥有数量剧增,竞争日趋激烈。而在这场化妆品的品牌大战中,资生堂作为早来者,并没有取得令它满意的成绩。

3. 资生堂渠道发展分析

资生堂的目标是:预计2008年中国市场达到2000亿日元业绩时,其中50%的业绩来自签约专卖店。目前,资生堂的渠道下沉策略仍面临几个风险。

曾经有人提到资生堂可能会面临的四个风险:品牌低档化、管理体制混乱、人才素质下滑和服务水平下降。的确,这是资生堂在拓展二、三线市场时必须考虑的问题,但从资生堂的各种表现来看,资生堂似乎也在力图规避这些风险。

(1)新品牌加盟,保护了原有消费者的利益,也保护了原有品牌,从而发挥了资生堂强大的品牌孵出效应。在品牌的考虑上,资生堂把CPB肌肤之钥、资生堂与欧珀莱继续放在一线市场的百货商场专柜销售,避免这些品牌的错位,而对于签约专卖店,则主要提供以泊美、Za、悠菜等中低端产品为主的品牌。这样区分,避免了自身品牌的定位模糊与恶性竞争,也保护了原有消费者的利益,维护了他们的忠诚。而且,依靠资生堂这一强大的品牌大树,还可以孵化出更多的新品牌来,从而满足更多类型终端的需求。虽然资生堂表示要进行品牌"瘦身",但其庞大的品牌数量是满足不同消费者、不同渠道需求的基础,也是资生堂敢于实施签约专卖店策略的保障。

(2)进驻化妆品专营店,不仅能够借力化妆品专卖店的各种优质资源,还能够突出显示自身的品牌。化妆品专卖店一般都会开设在二、三线市场的繁华商业街或步行街。这些专卖店具有良好的地理位置,人流量大,店内也具备较强的导购能力的导购员,是消费者比较信赖的化妆品购物终端。所以,资生堂与这些专卖店签约合作,能够有效借力化妆品专卖店已经存在的优质资源,避免再花费时间和资金去搜集与获取这些资源(无论是自营还是帮助投资者新开店),还能够避免与拥有这些优质资源的对象成为直接竞争对手,可谓一举三得。同时,由于专卖店经营的大多是国内品牌,作为国际知名品牌的资生堂的进驻,不仅能够帮助专卖店提升形象,还能够使资生堂的品牌与其他品牌形成强烈的对比,吸引消费者的注意与购买。鹤立鸡群,将能够有效拉开资生堂与其他品牌的距离。所以,虽然不能保障其签约专卖店从外部形象保持统一,但采用店中店的方式,统一资生堂的店中专卖店形象,也能够保障基本形象的统一与方便消费者的识别,还能够节约大量的资金与时间。

(3)为签约专卖店提供各项支持,包括形象、经营、广告、教育等,从而促使专卖店经营上台阶,紧密联系资生堂与各合作伙伴,更突出资生堂的专业素质与品牌形象。譬如:资生堂会为各签约专卖店提供商品陈列台、非形象柜等宣传陈列物品;会根据季节发布《品牌综合施策手册》,一年分春、夏、秋、冬四册,包括施策活动纲要、新品介绍、季节产品的推荐重点介绍和注意点、具体施策方案一览、化妆品节活动、柜台陈列介绍、门店销售进度管理表等。对市场策略的终端执行进行明确的指导,使得经营者在执行品牌策略的过程中更有针对性。努力提升一线美容顾问的素质,并且派遣日本的资深 BC(美容顾问)到各专卖店现场施教,保障终端导购的专业、职业与科学等。

2006年3月,资生堂还与海信网络科技公司签署了关于双方在未来三年的战略合作协议,由海信提供超过亿元的信息系统建设,从而保障资生堂能够有效控制住未来将发展到的巨大终端网络,避免连锁体系出现走形与失控。种种迹象表明,资生堂已经筹备良久,并决心在广阔的中国市场上奋起直追,以实现资生堂的全球战略。签约专卖店的模式是否能够帮助资生堂实现其全球战略还无法定论,但其区别于其他竞争对手的渠道策略是值得中国品牌和企业借鉴的。当然,资生堂的"品牌之多""水货之多"以及国人的民族情感,都是资生堂在中国市场大刀阔斧前进时必须时刻注意的问题。

[资料来源] 世界营销网 2007-08-30,略有改动。
[阅读讨论]
1.营销渠道结构是指什么?资生堂采用的是什么样的营销渠道结构形式?
2.结合案例本身和营销知识,谈谈资生堂的营销渠道给我们带来的经验和启示?

任务4 营销渠道设计

【任务引入】

某公司为了进一步扩大市场,提高市场覆盖面和市场份额,决定将营销渠道重心下沉,大力开发县级市场。在公司的营销战略和目标的指导下,公司营销渠道总监感到压力很大,面对这样的状况,营销渠道总监该如何设计公司的营销渠道网路才能够完成公司的目标呢?

【任务分析】

作为公司的营销渠道总监,不可避免地要面对这样的问题,为了实现公司的目标,公司经营战略的实现离不开渠道战略的规划和实施。渠道战略的规划和实施涉及营销渠道长度、广度和宽度的设计与选择,要通过科学的方法最终选择出一套最适合企业的营销渠道方案。

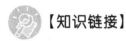【知识链接】

4.1 营销渠道设计的含义与原则

营销渠道设计是指企业的渠道管理者为实现分销目标,在对各种备选渠道结构进行评估和选择,从而创建全新的营销渠道或改进现有营销渠道的过程中所做出的决策。渠道设计的定义指出了营销渠道设计包括两种情况:一是开发新的营销渠道;二是修订原有的营销渠道,也称为营销渠道再造。营销渠道设计是市场营销者所要面临的一项战略性和基础性决策,与营销组合的其他决策(即产品、价格、促销决策)一样,是十分重要的。

营销渠道设计是制造商的主要职责,但是批发商和零售商也都面临着营销渠道设计的问题。对于制造商来说,对营销渠道设计的决策是顺渠道而下寻找市场。零售商则刚好相反,它们是沿渠道而上,以获得供应商,得到产品供应。批发商则处于整个营销渠道的中间位置,对渠道设计的决策需要从两个方向着手,既要考虑上游的供应商,又要考虑下游的零售商。

企业在进行营销渠道设计时,既要追求企业产品销售量和市场覆盖面的最大化,又要考虑投入的成本、企业的资源状况,达到营销渠道的效益最大化。因此,企业的营销渠道设计要根据企业的具体情况,因地制宜地进行整体考虑和决策。营销渠道设计要遵循以下四个基本原则。

1. 畅通高效的原则

畅通高效是企业的产品通过营销渠道到达目标市场有较高的渠道效率,这是对企业产品的流通速度和流通费用的要求。畅通高效原则要求不仅要让目标顾客在适当的地点、恰当的时间以合理的价格买到满意的产品,而且还要努力提高企业产品的流转速度、降低渠道费用。一个畅通高效的渠道,不仅可以满足顾客便利购买的需要,而且由于降低了企业的营销渠道费用,从而可以增加企业的盈利水平和竞争优势。

2. 稳定可控的原则

营销渠道对企业来说是一项战略性资源或者说资产,它一经建立起来,就会对企业的整体运作和长远利益产生重要而深远的影响。因此,应从战略的眼光出发,考虑营销渠道的决策和构建问题。企业营销渠道的建立,除了构建成本之外,还需要花费大量的人力物力及财力去维持和巩固,整个过程漫长而且复杂,所以在构建时就要考虑到应具有一定的稳定性。当然在保持营销渠道的稳定性的同时,还要考虑营销渠道必须要具有可以进行小幅度调整以适应经营环境变化的弹性,调整时也能够使得各个因素协调一致,使渠道始终在可控制的范围内基本保持稳定。

3. 发挥优势的原则

企业在设计自己的营销渠道时,要发挥自己主要的竞争优势。企业的竞争优势可以体现在许多方面,如成本、技术、财务、管理、渠道等。在设计营销渠道时,要注意考虑这些方面哪些是有利于企业利用的。从营销组合的设计角度来看,在设计营销渠道时,还应将渠道与产品、价格、促销结合起来,以增强营销组合的整体优势,确保营销渠道能够发挥整体优势。

4. 适度覆盖的原则

在设计营销渠道时,要在营销战略的指导下,深入考察和分析目标市场,在考虑营销渠道的覆盖力和覆盖范围的前提下,还要保障渠道成员的渠道利益和企业的营销渠道管理能力,这样才能确保营销渠道成功。

营销渠道设计的基本原则如表 4-1 所示。

表 4-1 营销渠道设计的基本原则

原则	说明
畅通高效	首要原则,以消费者需求为导向,将产品尽快、尽好、尽早地通过最短的路线送达消费者方便购买的地点
适度覆盖	深入考察目标市场,把握原有渠道的覆盖力,对渠道结构做出适度调整,勇于尝试新渠道
稳定可控	一般不要轻易更换渠道成员,更不应该随意转换渠道,要保持渠道的相对稳定
发挥优势	注意将渠道策略与产品策略、价格策略和促销策略有效地结合起来,加强整体优势

4.2 营销渠道设计的影响因素

营销渠道设计关系到企业的生存与发展,营销渠道模式既要适应变化的市场环境,又要以最低总成本传送产品和信息,最大限度地使得顾客满意。因此只有在充分考虑企业的内、外部的环境和各种约束条件的基础之上,才能设计出一个高效畅通的营销渠道,营销渠道设计的影响因素主要包括企业的营销渠道现状、竞争者及其营销渠道状况、消费者的特点、产品的特点、企业自身的因素、中间商因素等。

1. 企业的营销渠道现状

在设计和再造企业的营销渠道时,首先要对其现状进行分析,主要包括以下三个方面:一是弄清企业战略目标、营销目标、分销目标及其与现有渠道的匹配程度;二是了解外界环境包括宏观经济、技术环境、行业集中程度、产品所处的市场生命周期和消费者行为等要素对营销渠道结构的影响;三是通过对企业过去和现在营销渠道的分析,了解企业以往进入市场的步骤、各步骤之间的逻辑关系及后勤销售职能,公司与外部组织之间的职能分工,分析和研究现有渠道系统的问题与原因。

2. 竞争者及其营销渠道状况

在分析竞争者的时候,除了要了解竞争对手的营销策略之外,还需要对其营销渠道状况进行重点分析。比如,分析主要竞争者的分销地点、渠道类型与结构,以及如何维持自己的市场份额、如何运用营销策略刺激需求、如何运用营销手段支持渠道成员等方面的内容。分析的时候要具体列出这些资料和信息,以便了解主要的竞争者并制定出有利于企业自身发展的营销渠道结构与模式。

针对竞争角度的营销渠道设计有三种选择。第一种是对抗型市场渠道战略。选择竞争对手到哪儿自己就跟到哪儿,与竞争对手直接竞争,比如,百事可乐和可口可乐两个公司的营销渠道选择。第二种是共生型营销渠道战略。同样采取竞争对手到哪儿自己就跟到哪儿的选择。

但是这种选择的思路和前提与第一种不一样,不是以击倒竞争对手为目标,相反是经营同类产品供顾客选择或经营相关产品以求互补。第三种是规避型市场营销渠道战略。采取"避实就虚"手法,避开竞争对手锋芒,寻找市场缝隙与空白点,专找竞争对手做不了或不愿意做的市场进行开拓,这类企业往往成为渠道的开拓者。比如,日本石英表进军美国市场的时候,避开了瑞士名表占据绝对优势的传统钟表销售渠道,根据产品物美价廉、款式新颖的特点,开辟零售商和超级市场等销售渠道,还有雅芳公司建立的直销渠道避开了传统的化妆品销售渠道的竞争,从而获得了巨大的成功。

3. 消费者的特点

消费者的特点是渠道设计中最为关键的一个因素,渠道设计是要深入对其特性做分析和了解,对消费者的特点的分析主要是从消费者的数量、消费者的集中度、购买行为三个方面进行重点分析。

一是消费者的数量。消费者的数量构成企业市场容量的大小,因此不论是消费品市场还是工业品市场,消费者数量的多少是企业决定是否采用中间商的一个重要因素。消费者数量多,对于有限的企业分销能力来说,要满足消费者的需求存在相当大的困难,因此,企业可以考虑使用中间商。相反,当消费者数量比较少时,则可以考虑直接销售。

二是消费者集的中度。这是指消费者在地理空间上的分布密度,也称为人口密度,通过市场调查可以得到相关的数据。如果人口分布比较集中,可以进行直接销售;反之,如果市场比较分散,则需要采用中间商进行销售。

三是购买行为。这里分析的购买行为,主要体现为分析消费者购买批量、购买频率、购买的季节性和购买的介入程度等,企业在进行渠道结构设计可以考虑以下的基本原则。

(1) 购买批量。消费者的购买量越大,单位分销成本越低,因此可以考虑短渠道。相反,消费者购买的批量越小,越需要利用长渠道。

(2) 购买频率。消费购买频率高的产品,需要通过中间商来销售。反之,可以采用短渠道。

(3) 购买的季节性。季节性强的产品,生产制造商很难在短时间内达到较高的铺货率,而且在淡季会造成渠道闲置浪费,因此,应使用较长的渠道来分销。

(4) 购买的介入程度。消费者介入程度高时,可选用短而窄的营销渠道;反之选择长而宽的营销渠道。

4. 产品的特点

产品的特点对于营销渠道的设计也有很重要的影响,产品的技术性、物理特征、产品的时尚性、产品的单位价值和产品的标准化程度等因素是渠道设计时要重点考虑的因素,针对这些特性可以遵循以下的决策原则。

(1) 产品的技术性。企业产品的技术性越强,渠道应越短,一般由公司直销或者独家经销,这样有利于企业提供良好的售后技术支持和服务。

(2) 产品的物理特性。易腐(如蔬菜、海鲜)及保质期很短(如奶制品、熟食品)的产品宜采用较短的营销渠道,这样的销售渠道可减少产品的中转过程而不至于使产品变质或失效。

(3) 产品的时尚性。时尚性强的产品采用短渠道,这样可以缩短产品的流通时间,从而加快进入市场的速度,避免错过流行的季节。

(4) 产品的单位价值。单位价值低的产品,如消费品中的便利品和工业品中的标准零部件,其营销渠道可以适当长些。但对于体积大而价值低的产品,不宜采用长渠道。

(5)产品的标准化。高标准化产品应该比低标准化产品使用更长、更宽的渠道。而产品标准化程度低,尤其是客户定制的产品,客户数量少,可以进行直接销售。

5. 企业自身的因素

在设计营销渠道时,除了要考虑企业的外部环境因素之外,还需要考虑下列企业自身的因素。

一是企业控制渠道的愿望。短而窄的渠道容易控制,比如,直销和连锁经营,长而宽的渠道难以控制,比如,经销、代理、批发等。

二是企业的规模及管理能力。企业规模大、实力强时,对渠道模式就具有更大的选择余地,可以考虑采用直接渠道,也可利用中间商。而中小企业则常常必须依赖中间商来经销其产品,这样可以降低市场的进入风险和节约成本。

三是企业产品组合状况。具有很多产品线的大型企业往往可以直接向大型零售商供货,而产品种类少、规模小的企业则不得不依靠批发商和零售商来销售其产品。此外,产品组合的关联度高,往往可以利用同一营销渠道;产品组合关联度低,则常常需要对不同产品线设计不同的营销渠道。

6. 中间商因素

在考虑中间商因素时,渠道结构设计者应着重研究分销商的现状、特点及要求等内容,具体可以从以下三个方面来进行思考。

一是可得性。考虑中间商的可得性可以按照提问的方式来解决:其一,在现有中间商中是否存在可以经营本企业产品的中间商;其二,如果存在,它们是否可以有效地经营本企业产品。在缺乏中间商的情况下,企业不得不建立自己的销售渠道;在存在中间商但现有中间商又不能有效地销售产品的情况下,企业也要考虑建立直销渠道。

二是分销成本。利用中间商的成本是评价渠道的重要方面,如果采用某类中间商而使得企业承担过高的费用,在设计渠道时就可以考虑不采用这类中间商,比如,一些企业放弃进入大卖场和购物中心等这种渠道成本高的中间商。这就造成了过分看重成本的渠道结构设计与选择误区。如果企业倾向于利用成本最低的中间商,会造成企业产品不能有效地覆盖市场和提供必要服务的情况,从而造成顾客的不满和销售不力。最好能够以渠道效率为标准在成本和渠道目标之间求得适当的平衡。

三是中间商的服务。在选择中间商类型甚至渠道长度时,常常涉及中间商可以为顾客提供的服务。考察中间商的服务情况,就是比较中间商所提供的服务与顾客对中间商服务要求之间的关系。如果二者相当,或者在不增加成本的情况下,中间商的服务水平高于顾客的期望,能够提供顾客服务和让顾客满意的分销商才是企业所要选择和考虑的。

4.3 营销渠道设计步骤与内容

一般来说,营销渠道上的渠道成员要完成不同的分销职能,所有成员一起组成了生产厂商所生产的产品的分销系统,联合起来把产品从生产厂商手中转移到消费者手上,以满足消费者的需要。因此营销渠道系统是为某个生产厂商的商品执行分销职能的一种市场化的合作组织。

企业要根据市场和行业竞争的情况,设计出适合自身情况、符合企业目标的分销系统。在这一系统中,企业要把处于不同价值链环节的渠道成员组织起来,通过构建一种相对稳定、谋求双赢的伙伴关系,对它们进行科学而合理的分工,使之成为一个有机的整体。营销渠道设计主要从以下几个方面进行。

4.3.1 建立营销渠道目标

营销渠道设计作为一个系统工程,首先要考虑营销渠道的目标。设定营销渠道的目标,一般是在分析目标顾客对服务要求的基础上来识别顾客分销的需要,以满足顾客的需求来确立企业的营销渠道目标。一般而言,营销渠道的目标主要有以下九个方面,如表4-2所示。

表4-2 营销渠道目标

序号	目标类型	设立操作说明
1	顺畅	最基本的功能,直销或者短渠道较为合适
2	增大流量	追求铺货率,广发布局,多路并进
3	便利	应最大限度地贴近消费者,广设网点,灵活经营
4	开拓市场	一般较多依靠中间商,等站稳脚跟后,再组建自己的网络
5	提高市场占有率	营销渠道的拓展和维护至关重要
6	扩大品牌知名度	争取和维护客户对品牌的信任度和忠诚度
7	经济性	要考虑渠道建设成本、维系成本、替代成本和收益
8	市场覆盖面和密度	多家分销或密集分销
9	控制渠道	生产商重点加强自身能力,以管理、资金、经验、品牌或所有权来掌握渠道主动权,实现渠道软控制

4.3.2 营销渠道长度设计

营销渠道长度是指生产企业选择通过多少流通环节将企业的商品销售出去。其决定因素主要在于生产和消费在空间与数量上的差异性,在具体的长度选择上,综合考虑产品、市场、消费者购买行为、企业和中间商等因素来做决策。比如:对于集中生产、分散消费的商品(如日用品)应采用长渠道;对于分散生产、分散消费且产销的空间距离又较大的商品(如产销异地的农产品),则需要采用的渠道会更长。影响营销渠道长度设计的主要因素如表4-3所示。

表4-3 影响营销渠道长度设计的主要因素

影响因素		长渠道(多级)	长渠道(一级)	短渠道(零级)
产品因素	体积、重量	小、轻	中等	大、重
	易腐性	不易	中等	容易
	单位价值	低	中等	高
	规格	规格化	中等	非规格化
	技术特性	低技术性	中等	高技术性
	生命周期	旧产品	中等	新产品
	耐用性	差	中等	强

续表

影响因素		长渠道(多级)	长渠道(一级)	短渠道(零级)
市场因素	规模	巨大	适中	狭小
	聚集特点	分散	中等	集中
购买行为因素	顾客购买量	少量	中量	大量
	顾客购买季节性	随季节变化	中等	无季节性
	顾客购买频率	高频率	中频率	低频率
	顾客购买探索度	不探索	两可	探索后购买
企业因素	规模	小	中等	大
	财务状况	财力弱	中等	财力强
	渠道管理能力	低	中等	高
	渠道控制度	低	中等	高
	对顾客了解的程度	低	一般	高
中间商因素	利用的可能性	容易	中等	困难
	利用成本	低	中等	高
	提供服务	好	一般	不好

4.3.3 营销渠道宽度设计

营销渠道的宽度选择主要有密集分销、选择分销和独家分销三种类型。在众多的考虑因素中,其决策首先应考虑商品的特性,是属于日用品还是属于选购品、特殊品。一般情况下,购买越是频繁,越应增加中间商的数量。影响渠道宽度选择的主要因素如表4-4所示。

表4-4 影响渠道宽度选择的主要因素

影响因素		密集分销渠道 (宽渠道)	选择分销渠道 (中宽渠道)	独家分销渠道 (窄渠道)
产品因素	体积、重量	小、轻	中等	大、重
	单位价值	低	中等	高
	规格	规格化	中等	非规格化
	技术特性	低技术性	中等	高技术性
	售后服务	不需要	一般	必要
市场因素	市场规模	巨大	适中	狭小
	市场聚集特点	分散	中等	集中
购买行为因素	顾客购买量	少量	中量	大量
	顾客购买季节性	季节性强	中等	季节性不强
	顾客购买频率	高频率	中频率	低频率
	顾客购买探索度	强	中等	弱
企业因素	渠道长度	长	短或长	短
	销售区限制度	弱	一般	强
	渠道控制度	弱	中等	强

4.3.4 营销渠道广度设计

营销渠道广度设计涉及两个决策问题:一是,是用相同分销渠道销售不同的商品,还是用不同分销渠道销售不同的商品;二是,是用一类分销渠道还是用多类分销渠道销售某种商品。

具体可用以下两个指标类型作为参考。一是看企业产品的关联度,关联度大的可采用相同分销网络销售不同商品;相反,对于实施多角化战略、企业产品关联度不大的情况,则应考虑使用多种分销渠道。二是根据客户和市场的分类来选择,比如,对大客户采取直接渠道销售,而对中小客户则通过中间商来进行分销,对成熟市场区域可以由经销商负责,而对新开辟的市场则由厂家的销售代表首先来进行开拓。

在使用多种营销渠道模式时,企业应该考虑的是自身处理多种分销渠道矛盾冲突的能力,因为多种分销渠道并存会引起矛盾冲突,致使分销网络成员不愿积极努力。因此,采用多渠道策略时企业必须采取一系列措施防止渠道冲突。例如:给不同渠道提供不同品种或不同品牌;明确定义各分销渠道的销售区域;加强或改变分销渠道的价值定位;通过年终政策加以控制等。

4.3.5 明确营销渠道成员的职责与功能

为了实现企业的营销目标,企业在确定了上述问题的基础上就要招募合格的中间商来从事分销活动,并使之成为企业产品分销网络的一个成员。企业选择渠道成员时考虑的标准主要有企业规模、销售能力、声誉状况、销售业绩等,同时也要考虑自身的实力和发展战略等因素。与此同时,企业要通过协议的形式给各个渠道成员规定明确的任务,如销售区域、销售额度、服务范围等,这样才能把处于价值链的不同环节上各自独立的生产商、经销商、零售商组织起来,通过构建一种相对稳定、谋求双赢的伙伴关系,对它们进行科学而合理的分工,使之成为一个有机的整体。

4.4 营销渠道结构模式的评估与选择

在完成渠道结构设计,形成了具体的渠道方案后,要对这些方案进行评估。对渠道结构模式评估的内容主要从三个方面进行,即经济性评估、可控性评估和适应性评估。

4.4.1 经济性评估

经济性评估的基本思路是评估渠道销售量、评估渠道成本,然后进行比较分析,选择最佳的渠道模式。经济性评估主要有量本利评估法、投资收益率法、费用率、经验法等。

1. 量本利评估法

量本利评估法是通过销售量、渠道成本和利润三者来衡量的不同渠道结构方案的方法。在通过分析比较后选择利润最大的营销渠道结构方案。

首先是预测销售量。对不同渠道结构模式可能产生的销售量进行评估时,由于不同的渠道结构模式所产生的销售量有多种可能性,对其具体的销售量是一种预测,我们可以借助一些预测的方法来解决,比如,定量的决策方法。定量的决策方法有决策树分析方法、定性的决策方法等。

其次是评估渠道成本。这是指评估不同渠道模式下、不同销售量下的营销渠道成本。营销

渠道成本从实用性角度分析,至少包括以下内容:

(1)渠道管理费用,包括管理人员工资及相关的办公费用;

(2)渠道发展费用,包括分销人员的工资、资金、差旅费、培训费、交际费;

(3)渠道促销费用,包括广告及 POP 成本、销售促进费用、展会及公关费用;

(4)商品的储存费用和运输费用。

最后是比较不同渠道结构下的成本和销售量。在以上两步的基础上,再进行比较。因为渠道变动的成本非常高昂,因此渠道建设决策十分重要,企业应该首先预测产品的销售潜力即潜在的销售量,然后再根据销售潜力的大小评定直接渠道和间接渠道的成本,选择利润最大的渠道结构类型。

2. 投资收益率法

投资收益率法是由经济学家兰伯特于 1960 年提出的。他认为影响渠道结构选择的最重要的变量是财务变量。因此,选择一个合适的营销渠道结构类似于资本预算的一种投资决策,要比较使用不同的渠道结构所要求的资本成本,以得出的资本收益来决定最大利润的渠道。此外,还要考虑到渠道投资的机会成本,如果一项渠道投资的投资收益率大于资本用于生产制造或其他功能的投资收益率,就应该投资;否则,就应该放弃该渠道投资。

应用财务方法对渠道模式评估应先分别估计各种渠道模式的投资收益率,然后选择投资收益率最高的渠道模式。公式为

$$R_i = (S_i - C_i)/C_i$$

式中:R_i——营销渠道 i 的投资收益率;

S_i——利用 i 渠道可能达到的销售额;

C_i——利用 i 渠道的估计成本。

在其他条件相同的情况下,使 R_i 最大的营销渠道就是最佳的营销渠道。

3. 费用率法

费用率法是指通过计算渠道的平均交易成本与平均订单金额的比率选择渠道模式的方法。费用率越低,渠道效益越好。具体计算公式如下:

$$费用率 = 渠道的平均交易成本 / 平均订单金额$$

$$渠道的平均每笔交易成本 = 全部渠道费用 / 交易数量$$

如某商品的平均订单金额是 500 元,平均交易成本是 50 元,则分销商的费用率就是 10%。如渠道的销售队伍花费了 1 000 万元的费用,完成了 5 000 个交易,则每笔交易成本为:10 000 000 元/5 000=2 000 元。

算出了每种渠道的交易成本,就能够算出渠道的费用率,不同渠道的盈利能力就可以进行比较了。表 4-5 是某公司不同渠道盈利能力的示例。

表 4-5　某公司不同渠道的盈利能力

渠　　道	每笔交易的成本/元	渠道费用率
直接销售队伍	600	24%
直营专卖	350	14%
分销商	275	11%
电话营销	70	3%

从表 4-5 可知,电话营销是最具有盈利能力的渠道,如果公司只选择一种最具有盈利能力的销售方式,那么该例中就是电话营销。但公司对渠道常常还有销售额目标,而一个低成本的渠道也许不能达到销售额目标,则公司就需要兼顾成本和销售额来选择渠道。如表 4-5 所示,若该公司认为 14% 的渠道费用率是可以接受的,那么,直营专卖、分销商和电话营销都可以是有效的渠道形式。

4. 经验法

营销渠道的经验法指依靠公司渠道管理者的判断和经验来选择营销渠道结构的方法,主要有以下三种具体的应用形式。

1) 直接定性判断法

在实践中,这种方法是最粗略却是最常用的渠道结构选择法。在这种方法中,管理者根据他们认为比较重要的决策因素来对渠道结构选择的变量进行逐一评估。这些因素可能包括短期和长期的成本及利润、渠道控制问题、长期增长潜力及许多其他因素。这些影响决策的因素及它们各自的重要性都没有被明确界定,但是,根据管理者的经验判断,仍然可以选出一种最能满足各种决策因素的渠道结构。

2) 重要因素评分法

重要因素评分法是由菲利普·科特勒提出的一种更精确的选择渠道结构的直接定性方法。在这一方法中,要求营销渠道的管理者必须将其在选择渠道时做出的判断结构化和量化。该方法有以下五个基本步骤:

第一步,明确列出有关营销渠道选择的重要决策因素;

第二步,赋予每个决策因素权重,以反映每个决策因素的重要性,各因素的权重之和为 1;

第三步,对每个营销渠道选择按各项决策因素从 1~10 的顺序打分,得到渠道各因素得分;

第四步,将各因素权重与渠道各因素得分相乘,并计算总的因素得分,即每个营销渠道的总分;

第五步,将所有可行渠道结构的总分排序,获得最高总分的渠道结构即为最佳或最合适的营销渠道结构。

[例 1] 表 4-6 中列举了某公司的三种营销渠道方案,根据公司管理者对这三种不同渠道方案的评价,得出评分,根据表 4-6 对该公司的营销渠道方案进行选择。

表 4-6 重要因素评分法的渠道结构评分表

因素	因素权重	可行渠道 1		可行渠道 2		可行渠道 3	
		因素得分	等级分	因素得分	等级分	因素得分	等级分
销售量	0.1	10	1	4	0.4	7	0.7
营利性	0.15	8	1.2	4	0.6	7	1.05
可变性	0.1	3	0.3	8	0.8	6	0.6
控制力	0.1	10	1	2	0.2	6	0.6
投资额	0.25	3	0.75	10	2.5	8	2
风险	0.3	2	0.6	10	3	10	3
总分			4.85		7.5		7.95

通过计算,我们可以看到可行渠道3的总分最高,即为最优渠道。

3)分销成本法

在这一方法中,估计各种可行渠道结构的成本与收益,根据得到的数据来判断各种可行渠道彼此间的强弱。

案例:一家销售保健器材的公司,在进入一个中等城市市场之前,想利用分销成本法对直销和一级渠道这两种可行渠道进行评价与选择。

假设这个城市存在6 000家潜在客户,公司要求每个销售代表每两周必须拜访一家客户。假设每名销售代表每周工作5天,每名销售人员平均每天能拜访6家,这意味着每位销售人员每两周能拜访60家客户。根据这些数据,该制造商需要100位户外销售人员来为这个城市的所有潜在顾客提供服务。

直销渠道的成本与销售计算:每个月的直销成本预算如表4-7所示。

表4-7 直销成本预算表

成本项目	每月成本预算/元
100名销售人员,平均月工资为1 500元/人	150 000
划分4个地区,每个地区1名销售经理,平均月工资为6 000元	24 000
仓库及办公人员、存货、存货利息及其他管理费用	60 000
每月直销渠道的总成本总计	234 000

假设平均销售毛利率为30%,则为抵消这些成本所需达到的每月销售额为:

$$234\ 000\ 元 \div 30\% = 780\ 000\ 元$$

采用一级营销渠道结构的成本预算情况。假设这种营销渠道结构下的分销成本只是提供给中间商的销售毛利率,假设该制造商提供给中间商三种可供选择的平均销售毛利率:20%、15%、10%。在完成同样的销售额目标下,采用一级渠道的成本为:

如果平均销售毛利率为20%,分销成本为:780 000元×20%=156 000元

如果平均销售毛利率为15%,分销成本为:780 000元×15%=117 000元

如果平均销售毛利率为10%,分销成本为:780 000元×10%=78 000元

直销与一级渠道的成本预算比较如表4-8所示。

表4-8 直销与一级渠道的成本差预算

	20%的平均销售毛利率	15%的平均销售毛利率	10%的平均销售毛利率
直销	234 000	234 000	234 000
一级渠道	156 000	117 000	78 000
成本之差	78 000	117 000	156 000

可见,对于这家销售公司而言,一级渠道的成本小于直销的成本,而且提供给中间商10%的销售毛利率使公司节约的成本最大,也即收益最大。

4.4.2 可控性评估

企业对营销渠道的设计和选择不仅要考虑经济效益,还应该考虑企业能否对其分销渠道实行有效控制。因为营销渠道是否稳定对于企业能否维持其市场份额,能否实现其长远目标至关重

要。一般来说,长而密的渠道难以控制,短渠道容易控制,控制性最强的渠道则是直接销售渠道。

对渠道的有效控制,是每个企业所期望的,但控制本身并不能带来收益。因此,渠道常常需要在收益和控制之间进行权衡。在收益相同的情况下,企业会选择可控性强的渠道模式。企业的直销系统是最容易控制的,但是由于成本较高,市场覆盖面较窄,不可能完全利用这一系统来进行分销。而利用中间商分销,就应该充分考虑所选择的中间商的可控程度。一般而言,特许经营、独家代理方式比较容易控制,但企业也必须相应做出授予商标、技术、管理模式以及在同一地区不再使用其他中间商的承诺。在这样情况下,中间商的销售能力对企业影响很大,选择时必须十分慎重。如果利用多家中间商在同一地区进行销售,企业利益风险比较小,但对中间商的控制能力就会相应削弱。

然而,对营销渠道控制能力的要求并不是绝对的,并非所有企业、所有产品都必须对其营销渠道实行完全的控制。如市场面较广、购买频率较高、消费偏好不明显的一般日用消费品就无须过分强调控制;购买频率低、消费偏好明显、市场竞争激烈的高级耐用消费品,对营销渠道的控制就十分重要。又如在产品供过于求时往往比产品供不应求时更需要强调对营销渠道的控制。总之,对营销渠道的控制应讲究适度,应将控制的必要性与控制成本加以比较,以求达到最佳的控制效果。

4.4.3 适应性评估

营销渠道对不同渠道环境适应性的评估,由于市场环境和渠道环境的不断变化,需要在渠道建设中兼顾渠道的适应性和稳定性问题。一般来说,在渠道环境稳定的情况下,渠道成员倾向于长期合作,对渠道进行较多的资源投入,且相互依赖和信守承诺。但在渠道环境不断变化的情况下,渠道成员之间会减少依赖,减少对渠道的投资,而且还会降低相互之间的承诺水平,以降低风险。在评估各渠道方案时,还有一项需要考虑的标准,那就是分销渠道是否具有地区、时间、中间商等适应性。

一是地区适应性。这是指在某一地区建立产品的营销渠道,应充分考虑该地区的消费水平、购买习惯和市场环境,并据此建立与此相适应的营销渠道。

二是时间适应性。这是指根据产品在市场上不同时期的适销状况,企业可采取不同的分销渠道与之相适应。如季节性商品在非当令就比较适合于利用中间商的吸收和辐射能力进行销售;在当令就比较适合于扩大自销比重。

三是中间商适应性。这是指企业应根据各个市场上中间商的不同状态采取不同的营销渠道。如在某一市场若有一两个销售能力特别强的中间商,渠道可以窄一点;若不存在突出的中间商,则可采取较宽的渠道。

【补充阅读 4-1】

斯特恩(Stern)等学者的"用户导向分销系统"设计模型

斯特恩(Stern)等学者的"用户导向分销系统"设计模型将渠道战略设计过程划分为五阶段,总共十四个步骤。

1. 当前环境分析

第一步:审视公司渠道现状。通过对公司过去和现在销售渠道的分析,了解公司以往进入市场的步骤；各步骤之间的逻辑联系及后勤、销售职能；公司与外部组织之间的职能分工；现有渠道系统的经济性（成本、折扣、收益、边际利润）。

第二步：了解目前的渠道系统，即了解外界环境对公司渠道决策的影响。宏观经济、技术环境和消费者行为等环境要素对分销渠道结构有重要影响。

第三步：收集渠道信息。对公司及竞争者的渠道环节、重要相关群体和渠道有关人员进行调查分析，获取现行渠道运作情况、存在问题及改进意见等方面的第一手资料。

第四步：分析竞争者渠道。分析主要竞争者如何维持自己的地位，如何运用营销策略刺激需求，如何运用营销手段支持渠道成员等。

2. 制定短期的渠道对策

第五步：评估渠道的近期机会。综合第一步至第四步获得的资料，进一步分析环境变化，特别是竞争者的渠道策略变化带来的机会。

第六步：制订近期进攻计划。这是一个将焦点放在短期策略上的计划，即"快速反应"计划。

3. 渠道系统优化设计

第七步：终端用户需求定性分析。这一步的关键是了解在服务输出过程中，最终用户想要什么。一般要考察四个因素，即购买数量、分销网点、运输和等待时间。

第八步：最终用户需求定量分析。在了解用户（消费者）需要何种服务产出的基础上，本步骤将进一步了解这些服务产出（如地点便利性、低价、产品多样性、专家指导等）对用户的重要程度，并比较分析这些特定要求对不同细分市场的重要性。

第九步：行业模拟分析。这一步骤的重点是分析行业内外的类似渠道，剖析具有高效营销渠道的典型公司，发现并吸纳其经验与精华。

第十步：设计"理想"的渠道系统。这是关键的一步。目标是建立能最好地满足最终用户需求的"理想"分销渠道模型。

4. 限制条件与鸿沟分析

第十一步：设计管理限制。包括对管理者的偏见、管理目标和内部、外部强制威胁的详尽分析。

第十二步：鸿沟分析。这一步骤要对三种不同的分销系统进行比较，分析其差异即鸿沟。

5. 渠道战略方案决策

第十三步：制订战略性选择方案。

第十四步：最佳渠道系统决策。

【思考题】

1. 营销渠道设计受到哪些因素的影响？
2. 简述营销渠道设计的基本内容。
3. 营销渠道设计遵循怎样的步骤？应该注意哪些问题？

【驱动任务与实训项目】

任务与实训内容

网上查找资料，选择一家企业，结合营销渠道结构设计的相关知识，为其设计或者更新营销渠道,形成该公司的营销渠道设计方案。

实训目的

(1)能结合行业与企业分析营销渠道设计的影响因素。

(2)掌握营销渠道设计的内容与步骤。

实训要求

(1)在上课之前安排学生准备相关资料。

(2)学生完成文档报告并在课堂上进行交流与互评。

【课后案例】

伊人净在上海地区销售渠道结构设计

1. 伊人净的产品特性

伊人净是泡沫型妇科护理产品,剂型新颖,使用方便,但与传统的洗液类护理产品不同,首次使用需要适当指导,因此以柜台销售为好;且产品诉求为解决女性妇科问题,渠道应尽量考虑其专业性,如药店和医院。

2. 上海地区健康相关产品的渠道分析

药品、食品、保健品和消毒制品统称为健康相关产品,目前主要的销售渠道为药店、商场、超市(含大卖场)和便利店。其中,药店多为柜台销售且营业员有一定的医学知识,目前药店仍然是以国有体制为主,资信好,进入成本低,分布面广。商场、超市和大卖场近几年来蓬勃发展,在零售中处于主导地位,销量大,但进入成本高,结款困难且多为自选式销售,无法与消费者进行良好的沟通。便利店因营业面积小而以成熟产品为主。

3. 未来两年渠道变化趋势分析

目前,各大上市公司和外资对中国医药零售业垂涎欲滴,医药零售企业也在不断地做变革,加之医保改革使大量的药店成为医保药房,药店在健康相关产品的零售地位将会不断提高,其进入门槛也会越来越高,相对日渐成熟的超市大卖场而言发展潜力巨大。

4. 伊人净公司的营销目标

随着上海经济的快速发展、收入的不断提高,人们的观念也在不断地更新,对新产品更易于接受。伊人净公司希望产品能够快速进入市场,成为女性日用生活的必需品,像感冒药一样随处可购买,从而改变中国女性传统的清水清洗和洗液清洗的习惯。最终像卫生巾取代卫生纸一样成为女性妇科护理市场的主导产品。这个过程需要很大的广告投入进行引导和时间积累,而在公司成立初期大量的广告费和经营费意味着高度的风险。相关人员的口碑传播可能比较慢,但却是一种更安全和低投入的方式。努力使相关人员如营业员推荐和介绍本产品是优先考虑的方式。

5. 伊人净上海地区的渠道结构及评价

根据以上分析,伊人净公司在上海建立了如下的渠道策略。

分步完善渠道结构,优先发展传统国有医药渠道,在有限的广告中指定仅在药店销售,保证经销商的合理利润,在产品成熟后发展常规渠道。渠道结构如下。

第一年度:

公司→区级医药公司→药店和医院(连锁药店)→消费者

第二年度以后：

公司→区级医药公司→药店和医院(商场和超市连锁便利店)→消费者
↓
连锁药房─────────────────────────────────────

[评价]：伊人净公司的渠道结构体现了健康相关产品应有的专业特性，有效克服了产品进入市场时在使用指导上的困难，同时又以较低的代价达到了广泛的铺货。因第一年度的渠道选择上的指定性(仅在药店销售)，使得现有渠道对公司产品有良好的印象，从而有利于后继产品的快速上市。医药在价格上的稳定性，也使公司在产品价格上易于控制，保证其他区域招商的顺利进行。虽然起初的销量未能达到最大化，在零售终端的陈列上也不够活跃，但考虑公司的成本控制和长远发展，以及公司在成长性的渠道上的良好印象，本方案仍不失为成功的渠道策略。

(资料来源　全球品牌网，2010.7.17。)

[案例思考]

1．伊人净公司的营销渠道结构设计是否受到限制性因素的影响？
2．结合该公司的产品特性及渠道分析等内容，谈谈伊人净公司适合何种营销渠道结构？
3．查找资料进行分析，谈谈自己对该公司的上海地区渠道结构设计的看法？

任务 5　营销渠道开发与成员的选择

【任务引入】

某公司渠道开发人员小王根据自己的销售任务和对负责市场的了解，在完成了公司的内训之后来到区域市场。根据公司的营销渠道开发方案，如何有效并且有针对性地与中间商进行洽谈？如何才能在立足于长期合作的基础上与经销商成为利益共同体？这样的问题成为小王需要面对的现实问题。

【任务分析】

公司设计好的营销渠道结构体系是进行市场开发的前提和基础，但是这仅仅是厂家的一厢情愿，没有中间商的积极配合，再好的方案也是纸上谈兵。因此渠道开发人员要做好与中间商进行有效洽谈的准备工作，如何选择经销商、选择哪些方式和途径、评价经销商有哪些标准要掌握清楚，这样才能为企业选择和开发出好的经销商。

【知识链接】

5.1　营销渠道实施与布局的具体方法

5.1.1　"点、线、面"渠道布局法

该方法认为：市场分销渠道布局工作的实质就是设计分销渠道中"点、线、面"这三个要素，

"点、线、面"三个要素的选择、投入与配合,是市场分销渠道布局的关键。

1. "点、线、面"渠道布局法的基本含义

1)营销渠道布局的"点"

"点"是指市场营销力量(包括人、财、物)在市场中所选择的关键点,通常是优势区位。企业通过对"点"的选择和抢占,来争取竞争的主动权或适度回避竞争对手,进入现有竞争格局中的薄弱地带,以形成局部优势。"点"的选择作为整个渠道的支撑,是整个营销渠道布局的基础。对于企业的营销渠道布局来说,点方面主要有两种类型:关键点(即优势区位)和切入点。

关键点,是指客观上形成的对企业经营产品销售起重要作用的市场区域或销售集中区域。这些点对企业营销具有重要的意义,因此,行业中各企业都会不遗余力地争夺,竞争十分激烈。这就要求企业具有很强的竞争实力,或者拥有一种重大创新的新产品直接打入关键点。

切入点。如果企业实力不足,就需要寻找现有市场竞争格局中的薄弱环节,即市场切入点,先打入市场保证生存,再寻找机会发展,即避免与实力强大的竞争对手硬碰硬,而采取避实击虚的策略建立生存空间。这一策略常常为中小企业所采用。

2)营销渠道布局的"线"

"线"是指营销渠道实际流通的线路,"线"包含了营销过程中的实物流、信息流等各种流程,以实现渠道动态的功能,保障企业机制的健康运行。线路是以"点"作为出发点、终止点或中转站,通过在"点"的基础设施上实现运动中所需要的储存、调运等功能。

3)营销渠道布局的"面"

最后是"面",这是点、线所构成框架的总体功能和综合作用,主要表现为地域扩张,主要是指销售范围的渗透和覆盖。

2. "点、线、面"渠道布局法的基本步骤

1)营销渠道网点布置

这里同样根据关键点和切入点来进行不同的设计。首先是拥有很强的竞争实力的企业需要考虑关键点,或者企业拥有一种重大创新的新产品直接打入关键点,这就要求对考虑这些企业经营产品销售起重要作用的市场区域或销售集中区域。比如:高档家电在大中城市;御寒皮衣在东北、西北等市场区域。对一个城市中的主要商业街区的选择,如上海的南京路、淮海路,北京的王府井、西单,广州的北京路、上下九步行街和天河城等商家必争之地,都构成了企业经营的关键点,不同行业中各企业都对这种网点的竞争十分激烈。其次是实力不足的企业需要考虑切入点,这就要求寻找现有市场竞争格局中的薄弱环节,即市场切入点,比如,中小企业开辟农村中的零售网点,而避开在城市中的竞争。

2)营销渠道线路疏通

营销渠道中实际存在实物流、所有权流、付款流、信息流以及促销流等多种流程。这些流程有的运行是相一致的,有的则要经过不同的线路、不同的途径传递,因此企业的营销线路非常复杂。其中某些线路担负多种流程功能,需要从多种角度来看待这一线路的效率,以及线路中渠道成员承担各种流程功能的能力。需要注意的是:营销环境的变化对渠道线路效率的影响极大,特别是交通运输发展、信息基础设施建设常常能提供更快、更好的渠道线路。地区经济的发

展、自然条件的改善也使某些渠道线路的改进成为必要。因此,企业必须不断审视环境的变化,考虑渠道线路改进的可能性。

3)营销渠道地域扩张

地域扩张与渗透主要是指运用多种营销、宣传、公关手段,使消费者对产品了解、产生印象并试用,这时要综合考虑消费者的购买心理和各种影响因素。地域覆盖主要是指:建立消费者消费的偏好、对本企业产品的消费的习惯以及定式;建立牢固的销售根据点,并且对消费产品竞争对手进行认真分析;建立区域市场的进入壁垒,阻止竞争对手的进入。

企业在实际进行渠道布局时,除了依据上述步骤,还要综合考虑多种现实因素的影响,权衡利弊,慎重抉择,同时兼顾短期利益和长远效益。

5.1.2 营销渠道的逆向重构法

1. 营销渠道的逆向重构法的基本含义

逆向重构指的是建设渠道的顺序和传统建设渠道的顺序相反。渠道的逆向重构策略,是指企业不按先向总经销商推销产品,再由总经销商向二级批发商等推销产品这种"顺向"的顺序建设渠道,而是反方向从营销渠道的底部基础层开始工作,先向零售商推销产品,当产品销售量达到一定数量后,小型配送批发商会被调动起来,主动要求经销该产品,接着是二级经销商、总经销商,因为产品销售量的扩大和价格稳定使经营产品变得有利可图,经营规模较大的经销商也纷纷加入制造商的渠道体系的渠道建设过程。这样,一层一层逆向建设渠道结构的体系就完成了。

渠道的逆向重构策略是在营销组合中创造差异化的竞争策略,是适应目前市场环境而产生的一种竞争策略。现在多数消费品企业——特别是新企业、新产品——进入市场时,面临的最大难题不是最终消费者对新产品的排斥,而是市场领先者和经销商结成的利益同盟对新进入者的排斥。相反,消费者并没有强烈拒绝新产品的意愿,距离消费者越近的流通环节,消费者越容易认同,因为他们总是需要更多创新的产品。另外,小型的批发商不是市场先入产品的既得利益者,它们对新产品的热情较高,要求的"市场准入"条件却很低。所以,制造商的渠道建设可以最先从这些层面展开突破工作,以向零售环节直接供应产品的中间商为突破点,然后再选择、吸引更高层次的经销商加入,最后形成完整的流通体系。

2. 营销渠道的逆向重构法的策略

渠道的逆向重构作为一种渠道创新思路,包含了以下一些原则与策略。

一是控制终端做到"随手可得"。尤其对于直接面向消费者的零售商而言,制造商应该通过渠道支持、服务零售终端,实现使消费者"随手可得"的零售覆盖目标。

二是拓展渠道宽度以增加流量,指的是需要有一个宽大的基础层——能够覆盖市场目标区域的、有一定密度的、一定数量的经销商,以此来支撑渠道。

三是有弹性的渠道控制以适应新的市场变化。它要求渠道体系能够随竞争情况压缩渠道环节以提高竞争力,而渠道长度应该随市场竞争的情况适度、适时调控。

四是用"中心开花,周边结果"的方法达到规模经营。渠道逆向重构策略要求在中心城市实施较为密集的渠道战略,以使产品获得较高的市场占有率和较好的品牌认同感。

5.2 营销渠道成员的类型与角色

5.2.1 营销渠道成员的类型

营销渠道上不同的渠道成员扮演着不同的角色,承担相应的功能,各个渠道环节上的渠道成员进行密切合作才能保证渠道的快捷与顺畅。典型的营销渠道由生产企业、中间商、消费者和辅助机构组成,不同的成员类型承担不同的功能。

营销渠道成员类型与功能表如表 5-1 所示。

表 5-1 营销渠道成员类型与功能表

渠道成员类型	对应的功能	具 体 对 象
生产企业	为渠道提供产品或服务;营销渠道的主要组织者和创新推动者	—
中间商	渠道功能的重要承担者;提高营销渠道的效益和效率;协调渠道关系的重要力量	代理商、经销商(批发商与零售商)
消费者	渠道的最终受益者;营销渠道建设的最权威评判者	—
辅助机构	为商品交换提供便利;为提高渠道效率提供帮助	物流、咨询、保险、金融等机构

5.2.2 中间商的类型

中间商是指那些将购入的产品进行再销售或租赁以获取利润的厂商,如批发商和零售商。它们创造时间、地点及所有权效用。中间商为其顾客扮演采购代理人的角色,购买各种产品来转售给顾客。中间商可以按照不同的标准进行分类,按照中间商是否拥有商品所有权可将其划分为经销商和代理商;按照销售对象的不同,中间商分为批发商和零售商。中间商的类型如表 5-2 所示。

表 5-2 中间商的类型

分类方法	类 型	说 明
是否拥有商品所有权	经销商	一旦购进商品就拥有商品所有权,独立经营承担市场风险。批发商和零售商都属于经销商
	代理商	接受生产企业委托,代销商品,按照代销权提取一定的比例报酬,代理商也可以从事批发和零售业务
按照销售对象	批发商	业务量比一般零售商大,覆盖范围广;批发商一般采用人员促销,少用广告;批发商通常经销多种产品
	零售商	零售商进货大部分来自批发商;零售商接触消费者,了解市场信息;在销售过程中能满足消费者需求和弥补批发商与生产企业的不足

5.3 营销渠道成员选择的步骤

选择营销渠道成员时,一般经过以下三个步骤:第一步是获取潜在渠道成员的名单;第二步是鉴定与评估潜在的渠道成员;第三步是选择与签约渠道成员。

5.3.1 潜在营销渠道成员选择的途径

1. 通过销售队伍选择渠道成员

一般而言,企业是通过现有的销售队伍去开发自己的渠道成员。经常在市场上的销售队伍,通过多年与现有中间商的接触和交往,已经比较了解在不同区域中营销渠道上的成员状况,掌握有大部分中间商的基本信息。成熟的销售人员一般来说,都可以提供较完善的潜在中间商的名单,甚至还可以对潜在的中间商进行评价,充分估算它们被开发成为真正的渠道成员的可能性。因此当需要改变现有的渠道销售网络或者增加新的渠道成员时,渠道经理应该尽量通过销售人员的介绍来获得新的渠道成员。

2. 通过媒介工具寻找渠道成员信息

一是通过工商业的工具书,包括当地的电话号码簿、工商企业名录、地图册、手册、消费指南、专业杂志等。尤其是电话号码簿,一般情况下,当地比较有经验、有实力的经销商都会在当地电话号码簿上刊登自己公司的名称,媒体上也常常有同类产品的广告,且有"由××公司总经销"的字样。

二是当地的媒体广告。到达一个新的市场,先买几份当地的报纸,看看当地电视,听听广播或到街上走走,或许就能发现同类产品的经销商的名称。媒体上常常有同类产品广告,且有"由××公司总经销、总代理"的字样。

三是找广告公司或者自己刊登广告。当地的广告公司对当地的媒体、市场情况比较了解,它们要争着做你公司的广告代理商,必然会详细地告诉你本地经销商的情况。刊登招商广告的方式费用大、见效快、操作水平高,可以较全面地了解经销商的情况。

四是通过网络媒介。通过访问专业网站,渠道管理人员可以搜寻到某一行业中很多同一类型或不同类型的企业。

3. 到专业性的批发市场或展览会直接寻找渠道成员

许多城市有小商品市场或日用品批发市场,到这种地方走走,经常会看到经销商门口或是店里面有"××地区总经销、总代理"的各式各样的招牌。大部分经销商为了扩大自己的知名度,会要求厂家给他们制作类似的招牌、条幅等。

自己公司可以举办产品展示会、订货会,同时也可以参加一些专业性的产品交易会,两种方式都可以寻找到自己需要的经销商。

4. 顾客和中间商咨询

企业营销活动围绕的中心是顾客需求,而要满足顾客的需求则需要借助中间商,如零售商。顾客如果对中间商的服务满意,他们就会经常去买这些中间商的商品;顾客如果对中间商的服务不满意,他们可能就不会再去购买这些中间商的商品。企业可以通过正式或非正式的调查,了解顾客在他们所处的区域内对不同中间商的看法,以便确定哪些中间商可以成为企业未来的合作伙伴。

5.3.2 营销渠道成员的鉴定与评估标准

企业在选择渠道成员时,主要由以下八个方面进行综合权衡。

1. 中间商的市场范围

选择中间商最关键的因素在于市场。首先要分析先前选择的目标中间商的经营范围所包括的地区与产品销售计划中的地区是否一致,如产品在北京地区,中间商的经营范围就必须包括这个地区。其次,生产企业所希望的潜在顾客是否包括在中间商的销售范围内,这是最起码的条件。因为生产企业都希望中间商能进入自己计划中已确定的目标市场,并最终说服消费者购买自己的产品。

2. 中间商的产品知识

许多中间商被规模巨大而且有名牌产品的生产企业选中,往往是因为他们对销售某种产品有专门的经验。选择对产品销售有专门经验的中间商就会很快的打开销路。因此,生产企业应根据产品的特征选择有经验的中间商。

3. 中间商的地理区位优势

地理区位优势即位置优势。位置优势对零售商尤为重要,选择零售中间商最理想的区位应该是顾客流量较大的地点,而对于大量批发中间商的选择则要考虑其所处的位置是否利于公司产品的批量储存与运输,通常以交通枢纽中心为佳。

4. 中间商的产品政策

中间商产品政策的具体体现是中间商承销的产品种类及其组合情况。选择中间商时,一要看它有多少产品供应的来源,二要看各种经销产品的组合关系,同时还要分清其产品是竞争性产品还是促销产品。一般应尽可能避免选用经销竞争性产品的中间商,但是,如果本公司的产品与中间商代理的竞争性产品相比有明显的竞争优势时,选择出售竞争者产品的中间商对本公司而言反而有利。因为顾客会在对不同生产企业的同类产品进行客观比较后,去决定购买竞争力强的产品。

5. 中间商的财务状况及管理水平

中间商的财务状况及管理水平主要体现在中间商能否按时结算,包括在必要时预付货款,这又取决于其财力的大小。整个企业销售管理是否规范、高效,关系到中间商营销的成败,更与生产企业的营销密切相关,因此,这两个方面的条件也必须列入标准中。

6. 中间商的促销政策和技术

中间商采用何种方式推销商品及运用选定的促销手段的能力直接影响到生产企业的销售规模。有些产品适合通过销售人员推销,而有些产品则用广告促销比较合适。有的产品需要有效储存,有的产品则应快速运输。要考虑到中间商是否有能力并且愿意承担一定的促销费用,以及有没有必要的物质保障、相应的人才和技术基础。选择中间商前必须对其所能完成某种产品销售而采取的市场营销政策和技术的现实可行程度做全面的分析评价。比如,用友软件有限公司要求地市级及县级代理商必须拥有专职的技术服务人员,负责本地区所有用友用户的服务。如果代理商是独立的法人实体,则要在所在地工商行政管理局登记注册的"经营范围"中包括"销售计算机软件"(或同含义内容)一项内容。

7. 预期合作程度

中间商应能与生产企业进行有效合作,并积极主动地推销企业的产品,从而达成双赢。有些中间商希望生产企业也参与促销,扩大市场需求,并相信这样会获得更高的利润。生产企业则应根据产品自身销售的需要确定与中间商合作的具体方式,然后再选择最理想的合作中间商。

8. 中间商的综合服务能力

选择中间商要看其综合服务能力如何。现代商业经营服务项目甚多,有些产品在销售中要求向顾客提供技术指导,有些产品需要中间商向顾客提供售后服务,有些产品还需要专门的运输储存设备。因此,合适的中间商所能提供的综合服务项目和服务能力应与企业产品销售所需要的服务要求相一致。

需要强调的是,以上这些选择标准并非适用于任何企业的任何情况,它们只适用于一般情况,而非适用于特殊情况。因此,企业在设计渠道成员的选择标准时,还应结合自身的渠道状况。

【补充阅读 5-1】

布仁德等三位营销专家对渠道成员选择标准的研究成果

1. 布仁德的研究成果

最早研究渠道成员选择标准的专家是布仁德,他为工业企业选择渠道成员设计了一套包括二十个问题的标准,其中有很多标准也适用于消费品生产企业。

(1)分销商是真的需要我们的产品,还是由于目前一时的产品短缺而需要我们的产品?
(2)分销商目前的经营状况如何?
(3)分销商在顾客中的口碑如何?
(4)分销商在制造商心目中的口碑如何?
(5)分销商是不是积极进取?
(6)分销商还经营其他哪些相关的产品?
(7)分销商的财务状况如何?
(8)分销商有没有能力给账单贴现?
(9)分销商的场所和设施的规模如何?
(10)分销商是不是能够保证充足的存货?
(11)分销商目前的主要客户有哪些?
(12)分销商目前还没有服务的客户有哪些?
(13)分销商的价格是否保持稳定?
(14)分销商是否可以提供过去五年的销售记录?
(15)分销商的销售人员的实际销售领域是什么?
(16)分销商的销售人员是否经过培训?
(17)分销商的现场销售人员有多少?
(18)分销商的内部员工有多少?

(19)分销商对通力合作、销售培训和销售推广是否感兴趣？
(20)对于上述这些活动，分销商有什么可以利用的设施？

2.西普雷的研究成果

西普雷在对59家英国制造商和70家美国制造商进行分析研究后，提出了一套包括三大类共12个渠道成员的选择标准，如表5-3所示。

表5-3 西普雷的渠道成员选择标准

选择标准		英国制造商对其重要性排序	美国制造商对其重要性排序
销售和市场因素	市场知识	1	1
	市场覆盖率	2	2
	销售人员数量和质量	4	4
	销售拜访的频次	6	10
产品和服务因素	产品知识	5	6
	服务和存货设施	10	9
	服务人员的服务质量	11	7
风险和不确定性因素	对产品的热情	3	5
	昔日的成绩	7	3
	涉及的成本	8	8
	代理竞争产品销售的程度	9	11
	经理的职业生涯	12	12
其他		13	13

西普雷的研究发现，英国和美国从总体上来说在很多方面都惊人的相似，这说明在高度发达的西方经济社会中，制造商大都倾向于采用相同的标准来选择渠道成员。

3.潘格勒姆的研究成果

潘格勒姆在20世纪60年代在对200多家美国和加拿大制造商研究的基础上，归纳出了10个渠道成员选择的标准。这些标准被认为是最全面和最具影响力的渠道成员选择标准。

(1)信用和财务状况：信用等级和资金流动情况。这是所有制造商对分销商选择时参考的标准。

(2)销售能力：销售人员的素质和数量。大多数公司都认为这是比较重要的标准。

(3)产品线：竞争对手的产品、兼容性产品、互补性产品、产品质量。制造商通常尽可能避免选取直接经营竞争对手产品的分销商；特别青睐经营兼容性产品的分销商；看好经营互补性产品的分销商；通常选取经营产品质量比自己好，至少不低于自己的分销商。

(4)声誉：知名度和美誉度。制造商倾向于选择与自己产品定位相当或声誉高于自己的分销商。

(5)市场覆盖范围：分销商覆盖制造商预期的地理范围的程度。制造商希望分销商的覆盖范围最大，而重叠范围最小。

(6)销售绩效：能否获得制造商所期望的市场份额。

(7)管理的连续性:分销商管理层稳定。
(8)管理能力:关键标志是分销商组织、培训、管理销售人员的能力。
(9)态度:进取心、信心和热情。
(10)分销商的组织机构规模和经营额。

从以上三位专家的研究结果可以发现,在这些标准中有很多标准是共有的,表明这些共有的标准是渠道成员选择的最重要因素,可以将其归纳为四大类:财务能力、市场能力、产品能力、组织管理能力。每一大类都包括若干个更细的标准,如表5-4所示。

表5-4 选择渠道成员的主要评估标准

标 准	具 体 内 容
财务能力	财务状况、信用度
市场能力	市场覆盖范围、销售能力和业绩、销售队伍
产品能力	产品线
组织管理能力	管理层稳定性、规模、声望、理念

5.3.3 营销渠道成员的评估与选择评价方法

1.评分法

评分法又被称为加权平均法,即对拟选择合作的中间商,分别就其所具备商品分销的各项能力和条件进行打分,然后按照分数高低进行选择。具体步骤如下:

一是,生产企业列出在选择营销渠道成员中所需要考虑的全部因素;

二是,将对渠道功能有影响的各个因素根据不同的重要程度赋予一定的权重;

三是,生产企业根据渠道成员在不同因素中的表现分别打分;

四是,将每个成员在每一个因素上的得分与该因素的权重相乘,得出每个成员在每一因素上的加权分;

五是,将每个成员在每一因素上的加权分数相加,得出该渠道成员的总分;

六是,将各渠道成员的总分进行排序,为渠道成员的选择提供标准。

案例:一家生产企业决定在某地区采用独家分销渠道模式建立自己的营销渠道,为此,该企业初步筛选了三家候选中间商作为备选。该企业在选择时看重的主要因素有经营规模、地理位置、市场声誉、可控性、顾客流量、信息沟通、货款结算等。各候选中间商都在其一方面具有优势,但没有一家在全部因素中占据绝对优势,因此,该企业对这三家候选中间商采用评分法进行评价,如表5-5所示。从结果中分析,虽然中间商1和中间商3的打分总和相等,都是575分,但由于各评价因素的重要性不同,因此,最后的选择应根据加权总分进行排序,该企业将选择中间商3作为独家渠道代理。

表5-5 加权评分法选择渠道成员

评价因素	权重	中间商1		中间商2		中间商3	
		打分	加权分	打分	加权分	打分	加权分
经营规模	0.20	80	16.00	85	17.00	80	16.00

续表

评价因素	权重	中间商1		中间商2		中间商3	
		打分	加权分	打分	加权分	打分	加权分
地理位置	0.15	85	12.75	85	12.75	90	13.50
市场声誉	0.20	90	18.00	80	16.00	85	17.00
可控性	0.10	80	8.00	85	8.50	80	8.00
顾客流量	0.15	90	13.50	85	12.75	90	13.50
信息沟通	0.05	75	3.75	65	3.25	70	3.50
货款结算	0.15	75	11.25	85	12.75	80	12.00
总分	1.00	575	83.25	570	83.00	575	83.50

2.销售量分析法

销售量分析法是根据中间商近年来销售额的总量情况、销售额每年增长情况、顾客流量等指标进行分析,判断该中间商是否有担当渠道任务的能力,这也是挑选中间商的主要方法。

3.销售费用分析法

在日常管理和运作过程中,渠道销售不可避免地要发生一些费用,主要包括分担市场开拓费用、让利促销费用、由于货款延迟支付而带来的收益损失、谈判和监督履约的费用等。这些费用构成了销售费用或流通费用,减少了生产企业的净收益。因此,关于渠道销售费用的分析对生产企业来说显得格外重要,一般来说,分析方法主要有以下三种。

一是,总销售费用比较法。在分析候选中间商的可控性、营销战略、市场声誉、顾客流量、销售记录的基础上,预估各个中间商作为分销渠道成员在执行分销功能过程中的总费用,然后,选择费用最低的中间商作为渠道成员。

二是,单位商品销售费用比较法。当销售费用一定时,产品销量越大,单位商品的销售成本就越低,渠道成员的效率就越高。因此,在评价有关渠道成员的优劣时,需要把销售量与销售成本两个因素综合起来考虑,单位商品的销售成本最低的中间商即为渠道成员。

三是,费用效率分析法。以销售业绩与销售费用的比值作为评价依据,取效率高者作为渠道成员。此方法采用的比值是某渠道成员能够实现的销售业绩(总销售量或总销售额)除以该成员的总销售费用,因此被称为费用效率。费用效率的计算公式为:

费用效率＝某渠道成员的总销售额(或总销售量)/该成员的总销售费用

从公式中可以看出,费用效率是单位商品销售费用的倒数。

5.3.4 营销渠道成员的确定与签约

评估与选择好渠道成员之后,谈判与签约是选择营销渠道成员的最后一个环节,也是关键的一步。企业与渠道成员谈判与签约时要注意以下几个问题:一是对渠道利益的描述要具体详细;二是要表达渠道利益共享与双赢的意愿;三是要提供较多的渠道激励措施;四是要对渠道成员的过往业绩做进一步的评估;五是以双方满意为基础,大小合适为准绳。

5.4 营销渠道政策

营销渠道政策是指根据当前的市场环境和企业战略发展意图,为有效地激励渠道成员所提出的渠道运作规则、职能分配与执行政策、奖励政策以及支持政策的总称。分销渠道政策既要符合并有利于实现企业自身的利益,又要符合有利于实现其他渠道成员和消费者的利益,同时还要有利于促进分销渠道的协调和合作。从政策的透明度来看,有些分销渠道政策是公开的,也有一些渠道政策是非公开的。公开的渠道政策着重于发挥渠道运作指导作用和渠道行为激励作用,通常要求各个渠道成员根据分销渠道政策自行调整合作分销行为,以利合理地承担和有效地履行渠道运作功能,并实现更高的渠道功能整合效应。有些渠道政策虽然不公开,但是在高层管理者中是达成共识的,因为关系到敏感性的战略调整问题和潜在的非期望渠道反应的风险,所以,只能让高层管理者掌握和灵活运用。

一般而言,渠道任务在渠道成员之间的分配,可以通过价格政策、交易条件和地区划分等渠道功能事项明确加以界定并以合同为规范。

5.4.1 价格政策

价格政策为一个渠道成员针对另一个或一些渠道成员所制定的价格方面的规定。例如,沃尔玛针对供应商就有两条重要的价格政策:一是"所提供的商品价格必须是市场最低价",二是"供应商应提供以下折扣:……"。而有的生产制造商针对经销商的价格政策如"除非双方另有规定,甲方向乙方供货的一般批发价为甲方产品售价的八折""乙方必须按照甲方规定的售价向顾客售卖商品,不得随意抬价或压价"。

价格政策体现着一个渠道成员对另一个或一些渠道成员在产品销售价格方面的要求,渠道成员之间在产品销售价格方面达成共识,有利于防止渠道中的价格混乱,降低由于价格混乱而导致的渠道冲突,如窜货和中间商之间的价格战等。生产企业以多高价格将商品销售给中间商,或者生产企业将支付给中间商多少销售佣金是政策的重要内容。销售价格的高低与生产企业能否盈利、渠道成员或中间商的利润以及投资报酬密切相关,也会间接反映到商品最终销售价格上,关系到消费者或最终购买者的购买价格。价格政策有两种主要类型。

一是价格维持。价格维持是指制造商或者批发商向购买其产品的批发商和零售商指示再销售价格,要求批发商或零售商在这一价格以上或以下不得转售其他产品。

二是价格差别化。价格差别化有差别化对待政策和促销性折扣服务,包括贸易折扣、数量折扣和现金折扣等。

5.4.2 交易条件

交易条件首先包括付款条件,如购买者支付货款的结算方法、支付时间和当购买者不能及时支付货款时,与供货方的协商途径与程序。例如,有些条款中的"收益支付"就是生产制造商向经销商支付销售佣金的有关规定。生产制造商针对中间商的一项重要的付款条件,即是对提早或按时付清货款的中间商给予价格折扣的规定。此条款可以激发中间商及时付款的积极性。

交易条件还包括其他很多内容,如生产制造商的商品质量保证、按时供货保证和货物交割方式,以及中间商的库存水平、服务质量和服务方式等。这样的交易条件,如"代理商应配备2~4人,专职负责××产品的销售和售后服务工作,在代理商主管认可后,服从本公司区域办事处的统一安排""代理商负责提供轿车一辆,专门用于本公司开展业务""代理商所辖区域零售商资金出现困难时,代理商有责任对其提供资金担保,并担保赊欠资金的回收""本公司承担对零售商的售后服务工作,并承担因售后服务而产生的配件亏损"。

除此之外,交易条件还有生产制造商向中间商做出的次品或积压品处理保证、价格调整保证和退换货保证等,以鼓励中间商放手进货,从而解除中间商的后顾之忧。

5.4.3 地区划分

地区划分就是要规定中间商的地区权利,明确说明各中间商的顾客服务范围,以免渠道内成员之间发生内耗。中间商通常希望在某个地区实行独家专营,把自己销售地区的所有交易都归为己有,并希望生产制造商承认在其专营范围内的所有销售实绩,不论这些实绩是否是它们努力的结果。至于是否满足中间商的这些要求,可以在合同中做出规定。

当涉及独家经销或独家代理、总经销或总代理、特约经营关系时,生产制造商更应当就有关中间商的分销地区范围、促销、市场渗透水平和发展渠道新成员等问题认真进行磋商,在合同中做出明确的规定。

不同的区域市场通常因为文化差异、经济发展水平,以及现实经济形势的差异、商业环境与习惯的差异,对商品分销渠道存在着不同的要求。这就要求分销渠道政策针对不同区域市场的特点,提出有所不同的区域分销渠道政策。如对于销售家用洗衣机的企业来说:在商业繁荣的大城市市场,应提供体积相对较小、用水少、能省电的滚筒式洗衣机,除了媒体广告之外,还要进行销售门店现场的推荐、展示和派发广告,要提供较多的销售服务,在渠道上重点利用那些声誉高、客流量较大的综合零售店或专营零售店,由专业物流公司或厂家仓储机构上门配送货物,大量采用信用卡收费;在农村地区或小城市市场,应提供容量大、洗涤力强、价格相当便宜的双筒式或可控性全自动洗衣机,除媒体广告之外,重点是现场演示以及利用口碑宣传,在渠道上重点选择有较好声誉的连锁商店,由连锁商店的配送中心送货,以收取现金为主。

5.4.4 其他特定内容

除了上面所讲的责任和规定的义务之外,在一些特定内容上,也要在渠道成员之间明确划分责任界限,如针对促销、信息沟通、资金帮助、人员培训、销售服务、商品展示和商品陈列等方面所做的安排。这里要特别注意责、权、利相适应的原则。如果中间商承担了有关分销任务,生产制造商就要明确规定报酬的形式和标准。

而渠道利益分配在制造商和渠道成员的合作合同中虽然进行了明确的规定,但如何分配更加合理仍然是制造商不断探寻的问题。渠道利润分配应该遵循公平原则,即渠道体系中成员的报酬应该与各成员承担的任务相一致。建设渠道的过程也是创造价值的过程,渠道成员所获得的利益要与其在渠道中创造的价值相一致。

对于渠道成员在承担一定的渠道职能过程中的成本费用,生产企业应当考虑给予补偿。其补偿的方式通常有多种,如在商品销售价格中暗含的费用补偿、价格外现金补偿、商品数量多出部分补偿、服务补偿、设备设施无偿使用补偿、品牌无偿使用补偿以及铺货补偿等。对于渠道成员在履行分销渠道职能过程中的积极表现,以及对渠道的有效运行所做出的重要贡献,还要给予奖励。奖励的方式包括物质奖励和精神奖励。物质奖励主要是指支付奖金,其支付的方式也是多种多样的:可以就某一项职能给予奖励,也可以综合考察若干相关职能的执行情况来颁奖;可以即评即奖,也可以月月评年终再颁奖。物质奖励也可以采用非现金的方式发放。精神奖励对于渠道成员来说也是非常重要的,尤其是对渠道成员的品牌建设、信誉提升具有重要的作用。分销渠道政策对这些费用的补偿、佣金的支付以及奖励项目,应有明确的规定,以便形成制度,有效操作,真正达到激励渠道成员积极合作、努力做好渠道工作的目的。

按照公平原则,必须要了解渠道成员付出了多少成本,创造了多少价值并且要在渠道成员中达成共识。因此,首先需要收集必要的信息,进行渠道效率分析。

【补充阅读 5-2】

安尼·T.科兰等提出的效率模板

效率模板是分析渠道成员贡献与利润很实用的工具。效率模板基于三类信息:渠道成员在执行营销流时所做工作的种类和数量;每一渠道流对于提供消费者所需服务产出的重要性;每个渠道成员所能分享到的渠道利润。

表5-6是利用效率模板对某建材公司渠道成员贡献和利润的分析。

在效率模板表上有两列:一列是渠道流权重;另一列是渠道成员执行的渠道流比例。

填写渠道效率模板的第一步是给每个渠道流分配权重。最终权重的确定主要考虑两个因素:执行该渠道流的成本占全部渠道运营成本的比例;执行该渠道流所创造的价值如何。

表 5-6 建材公司为通过零售商购买的终端用户提供服务的渠道效率模板

	渠道流权重/(%)			渠道成员执行的渠道流比例/(%)			合计/(%)
	成本	潜在收益	最终权重(X)	制造商(Y)	零售商	终端用户	
实物拥有	30	高	35	30	30	40	100
所有权	12	中	15	30	40	30	100
促销	10	低	8	20	80	0	100
谈判	5	低	4	20	60	20	100
财务	25	中	29	30	30	40	100
风险	5	低	2	30	50	20	100
订购	6	低	3	20	60	20	100
支付	7	低	4	20	60	20	100
合计	100		100				
标准利润份额				28	39	30	

成本栏可以通过确切的财务数据计算出来。潜在收益栏是基于主观判断的,用高中低列出。利用对潜在收益的判断,来调整成本栏中基于成本的权重估计,从中得出每种渠道流的最终权重。如表5-6中对实物拥有渠道流潜在收益的判断是"高",最终的权重被调到35,而不是纯粹的成本权重30。

下一步是要确定每个渠道成员在每个渠道流中所承担的份额。在表5-6中,渠道成员包括制造商、零售商和终端用户,这里,终端用户主要是小型承包商,它们提前购买产品并且保持小批量的存货,执行了40%的实物拥有流,而制造商和零售商分别执行30%的实物拥有流。终端用户没有参与促销,其在促销流中分担的成本为0,而制造商和零售商各为20%、80%。

因此,制造商、零售商、最终用户所获得的渠道利润的比例(标准利润份额,Normative Profit Share)分别为:28%、39%、30%。计算方法是表中的X乘Y,如制造商:
$0.35 \times 0.3 + 0.15 \times 0.3 + 0.08 \times 0.2 + 0.04 \times 0.2 + 0.29 \times 0.3 + 0.02 \times 0.3 + 0.03 \times 0.2 + 0.04 \times 0.2 = 0.28$

要为每一个分销产品的渠道设计一个单独的效率模板,也要为每一个细分市场设计一个效率模板。在产品通过多个渠道销售的情况下,可以通过比较效率模板看出运营不同渠道的成本差别。

【思考题】

1. 营销渠道成员有哪些?它们各自的功能与角色是什么?
2. 结合实际,讨论如何才能做到选择合适的渠道成员。
3. 谈谈在选择经销商时要注重哪些因素,这些因素该如何去综合权衡?
4. 在选择渠道成员时有哪些方法,这些方法在具体实践运用时要注意什么?

【驱动任务与实训项目】

任务与实训内容

查找一家企业了解情况,并搜集行业有关资料,结合自己了解到的实际情况,为该企业拟定一份渠道成员开发的计划书。内容包括:如何获取渠道成员的名单,渠道成员的选择与评价,以及整体的开发进程表等。

实训目的

1. 掌握营销渠道成员开发的过程和注意事项。
2. 学会撰写营销渠道开发计划书。

实训要求

1. 在上课之前安排学生准备相关资料。
2. 学生完成文档报告并在课堂上进行交流与互评。

【课后案例】

应该怎样培育和管理经销商?

新进入内销市场的企业面临的最大的问题之一就是招商,实力强的经销商一般不会轻易把精力转移到新品牌上,因此这些转型企业面对的是一批相对处于弱势的经销商。这些弱势经销商从市场经验、资金和铺货能力、组织、策略等各方面来说都不具备优势。这时候就需要企业像对待孩子和学生一样,把它们培养成优质的经销商,把经销商的成长与发展作为一项战略性的长期工作来抓。

中国的经销商本质来说还是处于弱势,不论从资金、组织、资源、策略还是从意识等方面来说,往往处于比较被动的状态,如果没有有效的策略指导,没有有效的市场服务体系,它们将更加茫然,先天不足、素质不高、实力不强是它们的"共性",与它们打交道,我们需要一套行之有效的管理和培养方法。好的经销商不是天生的，需要靠企业的培植和其自身的努力，一步步发展而来。

1. 选择经销商，只选"适"的，不选"大"的

挑选经销商不能仅仅将实力雄厚、规模大作为条件，要强调"合适才好"，就是说经销商的规模、理念要与厂家相"匹配"，如果经销商强势，就容易"店大欺厂"，合作难免出问题。应选择实力不强，但有品牌理念、诚实守信、有抱负的团队来做经销商，它们一般会把大部分的精力投入在仅有的一家加盟企业的销售上，配合意识强，响应厂家的策略。

2. 扶持有潜质的经销商

对有潜质、有理想的经销商，在经过严格的考察后，要不吝给予大力支持。如对现已成为中国最大的建陶经销商的华耐公司，在华耐月回款仅 500 万时，m 企业就冒着巨大风险给予每月超过 1000 万元的授信，同时在价格、广告方面给予最优惠的支持，并不断增大其经销区域。正是有 m 企业的不断"输液"，华耐公司才愈来愈强，直到坐上中国建陶经销的"第一把交椅"。

3. 鼓励专营

提倡厂商的"一夫一妻"，即在同一区域内只发展独家经销商，同时鼓励经销商专营某一企业的产品。这意味着厂商之间在市场投入、品牌建设、市场管理等方面做到"风险共担、利益共享"。同时，厂家有责任向加盟商输出全套成熟的经营管理模式、管理制度。专营政策往往能使得厂商风雨同舟，进退一心。

4. 不要轻易更换经销商

对于"变心"的经销商，或能力实在是很差的经销商，可以先给一个期限"整改"，"整改"不行，才是"割地"，缩减经销区域。企业的这一做法体现了对经销商加盟的慎重态度，是对经销商和企业负责任。不仅给现有经销商吃了一颗定心丸，也能吸引不少优质经销商的加盟。

5. 不断对经销商进行辅导与培训

培养经销商，必须输入经销商所需的智慧、办法和经验。展开定期培训和互动交流，从市场调研、营销策略、促销活动组织、客户关系维护、工程项目开发等多个环节切入，提升经销商的营销水平，扶持经销商在当地成为渠道标杆。

组织经销商培训产品知识、营销策略、管理方针、品牌文化等内容：一方面提高经销商对品牌的认知与热情；另一方面促进经销商推广市场的能力。知识、经验的输入，使得经销商生手变熟手，熟手变高手，迅速成长起来。

6. "品牌大家庭"的氛围

另外，还有一种投入不多却能收效明显的培养经销商忠诚度的方式，即营造一种"品牌大家庭"的氛围，企业从老总到普通的业务员和经销商，以"情感"为纽带。厂家经常组织开展一些经销商之间的观摩与交流，增加"商商"之间的感情。"企业大家庭"的氛围，为固化厂商之间的关系，起到了"锦上添花"的作用。

[资料来源] 九正建材网。

[案例思考]

案例中的陶瓷企业在经销商的选择方面有哪些具体的做法？这些做法对我国的中小企业在渠道成员选择方面有何借鉴意义？

项目3 营销渠道管理

【教学目标】

知识目标
(1)理解营销渠道权力与控制的内涵;
(2)掌握营销渠道成员的激励内容与方法;
(3)掌握营销渠道绩效评估与调整的方法。

能力目标
(1)能运用渠道权力与控制理论解决渠道冲突的问题;
(2)能设计和执行营销渠道激励方案;
(3)能对营销渠道运行状态和中间商绩效进行有效评估。

教学任务
(1)营销渠道权力的内涵与运用;
(2)营销渠道激励管理;
(3)营销渠道绩效评估与调整。

【引导案例】

格力悄然推进渠道改革

过去数年间,国内空调霸主格力的"区域股份制销售模式"一直是其销售连年持续增长的助推器。2013年1月18日,格力电器发布了2012年年度业绩快报,报告期内实现营业总收入1000.84亿元,同比增长19.84%,净利润73.78亿元,同比增长40.88%。尽管各地总经销商在格力的成长过程中起到了举足轻重的作用,但随着企业的发展以及市场的变化,为了减少渠道费用,格力悄然推进渠道改革,在增加盈利的同时提升产品价格的市场竞争力。在家电行业中,一直挂在嘴边的说辞是"成也渠道,败也渠道"。

2012年被公认为中国家电行业的"寒冬"之年,而在去年惨淡的市场预期之下,格力竟然不可思议地迈入了千亿俱乐部。格力电器给出的解释是:业绩增长主要得益于坚持自主创新,通过技术、管理升级推动企业转型,另外,通过深化销售渠道管理、做强自主品牌出口提升公司综合盈利能力。对于格力的强势,业界的共识是:这主要得益于格力抛开家电连锁卖场通过绑定经销商自建渠道的营销模式。

"未来五年,格力的销售收入将达到2000亿元。"格力电器董事长、总裁董明珠毫不掩饰自己的雄心。不过,这等于从2013年开始,格力每年收入将增加200亿元。面对2000亿的销售目标,格力必须做出一些改变才能获得更好的业绩。显然,单纯依靠产品和技术上赢得更多的市场势单力薄,而格力也似乎意识到其赖以生存的渠道必须加强管理。近日,有媒体报道,格力目前在山西正进行着渠道变革,逐步削弱山西格力总经销商的力量,直接成立新的管理公司取代原山西格力总代理,加强与二、三级经销商的合作关系。据悉,实际上,不止山西,格力在国内的很多门店都在升级。

1. 利益捆绑

据了解,格力在业内独创的"股份制区域性销售公司"模式,由于将厂商利益进行了有机的捆绑,充分抓住了当时渠道的性格,建成了所谓的"利益共同体",为其稳步发展提供了强有力的动力支持,被业内人士称为"格力模式"。

经销商不好管理,总公司缺乏有效的控制,这在很大程度上也迫使董明珠痛下决心。"格力模式"就是董明珠一手缔造者。这些区域销售公司为格力电器在"空调大战"中屡创佳绩打下了坚实的基础。现在一个可以肯定的消息是:格力电器全国各个区域销售公司,大多已经被一家名为"北京盛世恒兴格力国际贸易有限公司"的机构所掌控,并以控股的形式,成为名义上的格力电器在全国的空调销售总代理商。

业内人士指出,多年来,格力渠道模式由于采用和经销商合股的方式,大大保障了经销商的利益,也能挖掘经销商的积极性。但是,这样的模式必然带来问题,就是经销商不好管理,总公司缺乏有效的控制,这在很大程度上也迫使董明珠痛下决心。一直以来,格力各地销售公司为扩大市场份额、获得销售利润的最大化,在区域市场上往往采取粗放式管理手段,最终伤害的还是格力空调的品牌声誉和整体利益。

目前,格力空调90%的销量来自自己的专卖店系统,也说明了该模式依然具有很强的生命力。中投顾问家电行业研究员赵慧智认为,尽管各地总经销商在格力的成长过程中起到了举足轻重的作用,但随着企业的发展以及市场的变化,这种区域总代理的模式由于层级较多,提高了渠道费用。为了降低成本,减少渠道费用,格力悄然推进渠道改革,削藩扁平化渠道,在增加盈利的同时提升产品价格的市场竞争力。

家电行业观察人士刘步尘也表示,格力这一轮渠道削藩的初衷是加强格力电器对渠道的控制权。据介绍,在上市公司格力电器之外,格力相关经营管理人员已经借助格力电器的品牌、产品资源,经过十多年的发展和积累,培养了一个与格力电器同等规模,甚至会随时控制格力电器销售渠道的对手。目前,对于这家盛世恒兴格力国际贸易公司的背景,有几点可以确认的是,上市公司格力电器,甚至是格力电器相关联公司,均未在该公司持股,否则相关信息应当会发公告。

而格力直接与散户合作,对于已经或者即将失去厂商支持的格力经销商总代而言,只能默默地抽身撤出。而任何打破利益格局的变化都有可能伤筋动骨,甚至会出现大面积的冲突。但同时我们也应看到,现在格力要掌控销售公司,势必要派出大量的管理人员和销售人员,格力是否能快速建立一只可依赖的营销队伍是关键,如果稍有不慎,很可能引起震荡。

2. 过河拆桥

近年来,随着空调市场竞争的加剧,价格战持续不断,厂家的利润不断走低。在这种情况下,以渠道为重的格力必须要减少流通环节才能获得足够的利润,因此,此举应是格力向二、三级经销商挺进的一种表现。也就是说,格力想逐步越过各省大的经销商,直接与地区级和县级大的经销商打交道。在操作模式上,其他的品牌只有两道环节,唯独格力有三道环节——中间的销售公司作为一个利益主体,摊去了巨大的一块利润,现在格力是时候把这块利润拿回来了。

多年来,在厂商的合作过程中,随着销售分公司的不断壮大,商家的实力也在增强,其规模和资金实力在这一过程中得到迅速膨胀。虽然格力模式在很大程度上保障了经销商的利益,但不可否认的是,能把渠道做得很好的经销商毕竟是少数,对此缺少有效控制必然影响公司的发展。

业界专家直言,维系厂家之间的纽带是利益,经销商是以利益为中心,其实力一旦足够强大,对厂家的政策也就不会言听计从了。因此,随着市场竞争走向纵深,格力必须逐步抛开大的经销商,重心向下转移,直接与二、三级经销商合作。

"目前格力已经实现全国网点的布局,这种模式由于提高了渠道费用,不利于提升格力产品的价格优势而逐渐被格力所抛弃。"赵慧智明确表示。其实,对于格力而言,只要能卖出格力产品的渠道就是好渠道,董明珠自己也明了个中深意。她也曾表示过,今后销售分公司是不留利润的,它得到的只是合理的劳务费用,以及品牌提升带来的价值。作为格力而言,必须要维护其自身利益,特别是格力作为其体制运行过程中隐藏的主人,必然要把握销售分公司的主动权。

在业界看来,经过多年的市场恶战,格力已拥有了较强的品牌拉力,特别是它在渠道上经营多年,渠道网络非常完善,与下游二、三级经销商关系也非同一般,只要获得了二、三级经销商的支持,拿掉大的经销商不会有大问题。格力是有能力,董明珠也是有信心的。当然,格力也不是要一刀切取消其多年经营的"股份制区域性销售公司"模式,而是要对经销商加强管理,使其"格力模式"能够跟上时代潮流。

在家电产业链上,无论是企业还是经销商,实现共赢是他们合作的前提。真正良好的销售策略,不仅仅在于是否能把货卖出去把钱赚回来,而在于生产企业和商家之间能不能通过操作的一致来达到利益的一致,只有利益一致生意才能长久。不过,今后格力与其下游二、三级经销商的关系能否稳定恐怕也是极大的考验。

3. 变革节奏

格力此番渠道变革,符合未来销售"体验店+电子商务"的趋势。据悉,近年来格力在全国各地适时地推出了很多格力盛世欣兴贸易公司,它们有的已经成为格力的全资子公司,而且都开了网上专卖店。在董明珠看来,格力专卖店不应仅仅是一个产品销售渠道,还应该成为格力电器实现2000亿元营业收入的直接贡献者。

随着全国性大连锁最近两年在二三线市场扩张加速,格力在二三级城市具有先天优势的专卖店模式,也会逐渐受到全国性连锁发展的冲击。董明珠也认为,格力渠道模式的核心在于"变",即不断根据现实市场环境的变化而改变,以适应新的形势。"现在我们开店,更注重店员行为、开店标准,以及消费者满意度。"她说。

业内人士分析,格力此番渠道变革,符合未来销售"体验店+电子商务"的趋势,并且从格力电器的角度来看,协助经销商做大,能够更好地与经销商进行利益上的捆绑,从而更有效地控制营销渠道。期待这是格力实现2000亿销售目标的一大王牌。

(资料来源 http://market.brandcn.com/yingxiaoqudao/130407_345927_2.html,品牌中国网。略有改动。)

[阅读讨论]

1. 什么是营销渠道管理,主要包括哪些主要内容?

2. 针对案例本身,谈谈格力在发展过程中怎样根据环境的变化来调整渠道管理的政策与手段的?

任务6 营销渠道权力、冲突与控制认知

【任务引入】

家电行业的制造商和商家之间的斗争和冲突格外激烈,国美、苏宁等家电连锁企业的出现、成长,引起了家电连锁企业与制造商之间的冲突与竞争。随着这些家电连锁企业力量的不断壮大,为了谋求更大的经济利益,家电连锁企业凭借其庞大的销售网络,采用制造商痛恨的霸王条款转嫁风险,收取各种费用。

在这种营销渠道权力失衡的市场环境中,弱小的一方(制造商)该如何应对呢?

【任务分析】

企业的销售网络从组建之日起就存在着渠道成员对渠道控制权的争夺问题。控制权争夺的过程和结果是渠道权力形成和分配的过程和结果。在竞争激烈的市场中,任何一家企业要实现对营销渠道的完全控制都是几乎不可能的,但是对渠道必须要实施有效的控制,这就需要渠道的管理对渠道的权力本质、冲突的类型与控制进行整体的认知,在此基础上才能有效地实现渠道的平衡。

【知识链接】

6.1 营销渠道权力的内涵

伯特·罗森布罗姆认为,营销渠道权力是指某一特定渠道成员控制或影响另一渠道成员行为的能力。由此可看出其本质是一种潜在的影响力和控制力。在营销渠道中,从权力消极性方面来看,权力可以被用于强迫某个成员协助创造价值而不给予其应得的报酬,但从权力积极性方面来看,权力作为潜在的影响力,用于协调营销渠道的运营与管理,可以产生巨大的利益。由于渠道成员是各自利益独立的主体,有时对渠道总体有利的事情并不一定对每个渠道成员都有利,或者短期看,最大化整个系统的利润并不等于最大化每个成员的利润。由于利益的争夺而产生的渠道成员之间的合作与冲突实际上是对渠道权力的争夺。从营销渠道整体利益来看,营销渠道成员必须全力合作才能给终端顾客提供好的服务,这样才能实现渠道的整体利益和渠道成员的共同利益。在渠道成员不合作的情况下,就不能达到渠道目标,这时就需要运用渠道权力,促使渠道成员去做本来不愿意做的事情。因此,必须要运用渠道权力来创造价值和分配价值,也只有弄清楚渠道权力的来源,才能找到解决营销渠道冲突和控制渠道问题的方法。

6.1.1 营销渠道的权力来源

关于营销渠道权力的来源,主要介绍以下两种说法:一是依赖—权力说;二是权力基础说。

1. 依赖—权力说

依赖—权力说根源于社会心理学家 Emerson,他认为营销渠道权力来源于依赖:当 A 依赖

于B时,在一定程度上,B就对A拥有权力。相反,当B依赖于A时,A就或多或少地对B拥有权力。

B对A有依赖性的原因有两个:一是B从A处得到的效用(价值、利益和满足感)更多;二是B能够得到的这些效用的替代来源少。这两者缺一不可,如果B从A处得不到太多的价值,那么,有没有替代的提供者就无关紧要;如果A能提供给B较多的价值,而B也可以很容易找到其他来源的同样价值,则B对A的依赖性较低。在营销渠道合作中,一个渠道成员为渠道合作者提供价值,它就认为自己很有权力。但如果它很容易被其他成员替换,那么它的权力就相对有限。

由于营销渠道成员是在各自的领域里提供专业化的服务,从而共同完成渠道工作,因此,渠道成员之间存在着相互依赖的关系,所以每个渠道成员都拥有一定的权力。但由于不同的渠道成员所提供效用的大小及其可替代程度不同,导致营销渠道成员权力大小的不同。营销渠道成员之间的相互依赖,是渠道成员功能专业化的必然结果。由于成为一个渠道的成员这件事本身就意味着这个成员既依赖于别人同时又被别人依赖,因此,从理论上来讲,每个渠道成员都或多或少地对其他渠道成员拥有一定的权力。依赖别人等于给别人权力,而被别人依赖则又使自己拥有权力。

2.权力基础说

权力基础说根源于社会心理学家French和Raven,他们认为与其他权力一样,营销渠道权力也有六种基础:奖励权、强迫权、法定权、认同权、专家权和信息权。

一是奖励权,是指一个营销渠道成员能够给予另一个渠道成员某种有价值的东西以帮助他们实现其目标的能力。比如,一个零售商具有给生产商的某种产品更多或更佳的展览货位的能力,这时零售商就具有对生产商的奖励权。

二是强迫权,是指一个渠道成员具有惩罚另一个渠道成员的能力。奖励权和强迫权是可以相互转化的,当一个渠道成员为另一个渠道成员提供某种优惠时,这是在用奖励权,当他撤销这种优惠或威胁要撤销这种优惠时,是在用惩罚权。

三是法定权,是指产生于营销渠道内成文或不成文的规则,这些规则规定一个渠道成员有权影响另一个渠道成员的行为,而后者有义务接受这种影响。比如,合同或协议规定的权力或义务。法定权与强迫权的区别在于:法定权一般是有法律保障的,一方违法时另一方实施的惩罚也是通过法律机构进行的;强迫权则无法律保障,一方对另一方的惩罚是直接的,无须法律机构或其他机构插手。

四是认同权,是指一个渠道成员的形象,其形象对其他成员具有较大的吸引力,能够获得其他成员的尊重和认同。比如,名牌产品、名店就具有这种权力。

五是专家权,是指一个渠道成员因在某一方面所具有的专业知识而产生的权力。专家权与奖励权的区别在于:作为一种资源,专业知识一旦提供给合作伙伴,就不能再撤回,而奖励权是可以撤回的。

六是信息权,这种权力产生于一个渠道成员能够提供某一类信息的能力。信息权与专家权很相近,二者在提供出去后都不能再收回。二者的区别在于:专家权是长期经验积累或专业训练的结果,而信息权则只是由于一个渠道成员容易接触到某一类信息而对于某一类事物具有更多的知识。比如,终端的零售商具有的对各种商品销售状况的信息。

进行实际运用时,很难将各种非强迫性权力基础区别开,营销渠道权力理论将以上六种权力基础组合划分为两大块:一块是强制性权力基础,由上面的强迫权力构成;二块是非强制性权利基础,由除强迫权力以外的其他权力构成。

3. 营销渠道权力的具体表现

在具体的企业营销渠道管理与控制过程中,营销渠道的权力可以具体表现为以下几个不同方面。

一是经济力。经济力是企业控制销售渠道的最根本力量源泉,是企业的综合实力,其主要体现在企业的规模经济、产品线、质量和服务能力、融资能力和广告力度等方面。

二是专家力。比如,企业了解营销渠道的规律,掌握市场开拓、产品推介、现场促销和公共关系等技巧。企业对不了解这些的中间商、厂家可以组织培训或现场指导,派遣职业经理或者销售人员进行帮助销售,从而可以获得营销渠道的控制力。

三是奖赏力。企业可以根据自身的能力,选择折扣、铺货、培训、设奖、提升地位、续签合同等奖赏的方式,提高渠道成员的积极性,从而控制渠道。

四是品牌力。品牌是企业的无形资产,企业通过品牌的力量来对渠道成员进行控制,比如,可口可乐、宝洁、娃哈哈等知名品牌企业自己能够牢牢控制住自己的营销渠道。

6.1.2 营销渠道权力的策略类型

营销渠道权力可以有多种不同的使用方法。一部分研究者将使用权力认为是在使用权力基础,另一部分研究者则将使用权力看成是一个渠道成员(如渠道领袖)对另一个渠道成员实施影响的策略,主要有以下六种策略。

1. 信息交换策略

这种策略是指供应商的销售人员就整体商业形势和市场信息与中间商进行分享和讨论,以期让中间商在观念上认识到自己利润最大化的最佳经营策略,从而达到改变中间商行为的目的。运用信息交换策略,无须说明自己想让对方做什么,只需为对方提供信息或与对方探讨以什么方式合作对双方更有利,目的是改变对方的态度与看法,让对方自愿做出有利于己方的决定。因此,信息交换策略实际上是作为一种沟通的方式,供应商对中间商的信息交换过程就是对中间商行为的影响过程,不过这种影响是间接的。中间商在这种情况下行为的改变是一种主动积极的行为调整。

2. 建议策略

建议策略是指供应商的渠道管理人员预计中间商采用自己的建议后会获得更多的利润,这种建议要么使中间商避开不利局面,要么使中间商获取有利形势。如"如果贵公司按照我们说的去做,贵公司的盈利状况会更好"。与信息交换策略相反,建议策略是供应商让中间商明确其行为的实质,明确其行为的利弊所在。因此,中间商往往更愿意接受建议策略。不过,这显然是供应商在影响中间商的自主决策权,因而会引起中间商的某些怀疑。

3. 承诺策略

承诺策略也叫奖赏策略,是指供应商对按照其意愿行事的中间商给予特殊的奖赏,这不同于建议策略,它是一种直接的影响行为。例如,"如果贵公司按照我们说的去做,我们就会给贵公司某种奖励,或使贵公司获得某些好处"。有效运用承诺策略需要仔细考虑提供的奖赏,如果中间商改变某种行为所耗费的成本高于供应商给予的奖赏,则这种承诺策略是很难实施的。每个渠道成员在渠道关系中都承担一定的渠道职能,供应商为了特定职能如产品物流而实施一定的奖赏,可能会促使其他渠道成员认为这会使供应商不能很好地执行物流职能。

4. 威胁策略

威胁策略是指当供应商在与中间商沟通的过程中暗示如果中间商不遵从自己的意愿行事,其将会受到惩罚。例如,"如果贵公司不按照我们说的去做,我们就会用某种方式惩罚贵公司,或者做出某些不利于贵公司的事情"。威胁策略成功与否依赖于威胁信息的可靠性和惩罚的严重程度,也就是中间商不遵从供应商意愿受到的惩罚与中间商遵守供应商意愿的成本的比较。威胁策略是一种高成本的渠道影响策略。首先,策略实施的监督成本是高的,特别是当策略实施需要一个相当长的时间时更是如此。并且如果实施失败,成本可能会更高。其次,是对渠道关系的负面影响。再次,威胁也会缩减或者破坏其他渠道策略的有效性。例如,信息交换和建议策略是基于双方的相互信任,而威胁策略往往会对渠道成员彼此的信任产生负面影响。最后,威胁可能会减少中间商的利润。这种总体的负面影响会降低中间商对供应商的依赖程度,从而增加中间商脱离当前渠道关系的可能性。

5. 法律策略

法律策略是指渠道双方有正式的合同约定或者非成文的法律基础约定。例如,供应商要求中间商遵从其意愿行事,这种意愿已经有清楚明晰的法律基础,而且双方认为是一个公平的协议。例如,"贵公司必须按照我们说的去做,因为根据协议(合同或备忘录),贵公司曾经答应过这样做"。后面隐含的意思是,如果贵公司不按照我们说的去做,我们不排除和贵公司打官司的可能。这种策略能产生一种长远持续的作用,并且不需要额外的监督。但是,如果中间商认为合同是不明确的,其就会有抵抗情绪,在这种情况下就需要额外的监督。

当法律行为带有威胁的意味时,它可能会产生负面作用。过多地运用法律策略对中间商来说是一种侮辱行为。所以,运用法律策略可能会加剧渠道冲突以及增加潜在的监督成本,而且这种策略很可能会引发中间商退出渠道关系。

6. 请求策略

请求策略是指供应商在没有任何奖赏或者惩罚的情况下要求中间商按照自己的意愿行事。中间商被提醒要遵循制造商的请求,即使他们知道这些改变不是他们想做的,或者这些要求不带有任何威胁、承诺、法律因素。在这种情况下,中间商遵循供应商要求的激励来自其对渠道互惠关系的认同,在这种互惠渠道关系下,渠道成员会对对方的期望、感情及需要做出反应。中间商受激励的强度主要基于它从这种关系中获取的经济收益或者其他个人关系。请求策略在两种情况下运用是非常有效的:当双方已有一个共同的目标时;在中间商认为遵循供应商意愿的收获将超过其遵循供应商意愿的成本时。请求策略的合适运用会加强彼此的关系,促进相互信任和双方之间销售人员的认同,并且这种策略对信息交换和建议策略是有促进作用的。

这六种影响策略还可以归为强制性影响策略和非强制性影响策略,前者包括承诺策略、威胁策略、法律策略,后者包括请求策略、信息交换策略、建议策略。大量的研究结果显示:使用强制性影响策略常常会引起权力对象的不满,甚至产生反作用力(权力对象以相同的影响策略来回应),进而发生较为严重的渠道摩擦或冲突,降低渠道合作的水平;使用非强制性影响策略,由于是通过利诱的方式改变合作伙伴的行为或态度,所以一般不会引起权力对象的强烈不满,也不会导致较为严重的渠道摩擦或冲突。

6.1.3 营销渠道权力使用策略选择考虑的因素

1. 营销渠道合作的环境因素

在营销渠道成员之间存在一个很好的双方信任度和有效的合作环境的条件下,可以考虑选择非强制性策略中的信息交换策略、建议策略及请求策略,这样企业无须花费很大成本就可以实现其目标。相反,当营销渠道处于较高冲突和不信任的背景下,供应商可能不得不选择承诺策略、威胁策略、法律影响策略。其原因主要有以下两个。

一是,非强制性影响策略的实施主要基于相互理解和信息的交换,频繁使用能够加强供应商与中间商在各个方面的共同点。

二是,非强制性影响策略基于渠道成员的自我意识去执行,它能加强渠道成员之间的一致性。只要营销渠道成员之间的一致性得到加强,则会反过来促进彼此之间非强制性策略的运用,渠道成员之间就会进行更多的意见交换,就会分享共同的价值观。若渠道成员之间彼此共同的价值观较少,能运用的更多地依赖于强制性影响策略。

2. 营销渠道权力的对称关系

当供应商处于营销渠道权力优势地位即对中间商有很大的控制力时,供应商更应该选择非强制性影响策略。虽然在供应商处于渠道权力的强势地位时,其运用强制性策略也可以达到改变中间商行为的目的,但从营销渠道关系的长远发展角度来看,非强制性影响策略的效果则会更好。

一是从中间商角度来看,它们喜欢非强制性影响策略。如果实施此类渠道策略,渠道成员行为的改变是基于双方共同的目标,或者说这种行为的改变对双方目标的实现都有很大意义,则这种策略的及时运用非常有效,会为双方带来很好的利润,使双方的关系进一步紧密,反过来又会增加对渠道成员的影响能力。

二是非强制性影响策略无须强迫实施。非强制性影响策略是一种主动的服从,对中间商的行为改变是持续长久的。如果供应商在渠道权力强势情况下行使非强制性影响策略,也会出乎中间商的意料,会加强中间商对供应商的认可和信任。而强制性影响策略,则往往会影响中间商对供应商的信任,一旦双方的信任受到影响,非强制性影响策略的有效性就会越来越低,同时强制性影响策略就将更加没有效果,最后供应商就会慢慢失去对中间商渠道权力的优势地位。

信息交换策略和建议策略需要较长的时间才能有效,如果供应商需要中间商迅速按照自己的意愿行事时,则需要考虑选择强制性影响策略。

3. 中间商对自身的依赖程度

如果中间商对自身的依赖程度很低,那么选择强制性影响策略可能会引起中间商的强烈不满甚至渠道交易关系的破裂。有效地使用非强制性影响策略能够加强双方的依赖关系,而频繁地使用强制性影响策略则会降低渠道成员之间的依赖水平。相关的实证研究表明"供应商强制性影响策略的运用与中间商强制性影响策略的运用是正相关的",也就是说供应商强制性影响策略的运用也往往会使中间商运用同样的策略来对抗供应商。

6.2 营销渠道冲突的解决

6.2.1 营销渠道冲突的含义与主要类型

营销渠道冲突是指营销渠道成员之间因为利益关系产生的种种矛盾和不协调情况。简言之,渠道冲突是指渠道中相关成员的某一方或几方利用某些优势和机会,采取有损于另一方或几方成员利益的敌意行为的情况,比如,拖欠货款、跨区域窜货、相互压价与乱价。

营销渠道冲突的根源在于渠道成员的相互依赖,不同的营销渠道成员倾向专注于不同方面的渠道功能,这种相互依赖是因为它们需要利用他人的资源,比如,资金、专业技能和市场通道等。这种建立在资源上的相互依赖关系就产生了彼此的权力关系。而且在渠道关系中,渠道成员为了各自的利益,会努力去扩大其自主权,这样就会产生干涉行为。干涉容易导致冲突。一般情况下,相互依赖性越严重,对渠道目标干涉越多,潜在的冲突也就越多。

按照渠道成员的关系类型,可把渠道冲突分为水平渠道冲突、垂直渠道冲突和多渠道冲突。

水平渠道冲突是指同一渠道中同一渠道层次的渠道成员之间的冲突。这种冲突可能出现在同类中间商之间,如两家超级市场,也可能出现在同一渠道层次的不同类型的中间商之间,如超级市场和百货公司。典型的中间商之间的冲突主要表现为窜货。

垂直渠道冲突是指同一渠道中不同层次成员之间的冲突。如批发商与零售商之间的冲突、批发商与制造商之间的冲突等。典型的垂直渠道冲突表现为应收账款等问题。

多渠道冲突是指当生产商建立了两条或两条以上的渠道向同一市场出售其产品(服务)时,发生于这些渠道之间的冲突。其本质是几种营销渠道在同一个市场内争夺同一客户群而引起的利益冲突。主要原因是企业在区域市场运作规划不合理、对营销渠道没有做相应的区隔和细分,以及销售政策不同导致的。

6.2.2 营销渠道冲突的直接原因

1. 价格政策与价格折扣原因

营销渠道中各级批发价的价差常常是渠道冲突的诱因。生产商经常抱怨营销商的销售价格过高或过低,从而影响其产品形象与定位;营销商则抱怨生产商给自己的价格无利可图。折扣是营销渠道政策中比较常用的一种,企业总是希望尽可能地实现自己的利润目标,而只给营销商以较低的折扣率;营销商也要求利润最大化,因而要求企业给予更优惠的条件和更高的折扣率,冲突也由此产生。

2. 商品的存货水平

制造商和营销商为了自身的经济效益,都希望把存货水平控制在最低。而存货水平过低又会导致营销商无法及时向用户提供产品而引起销售损失,甚至使用户转向竞争者。同时,营销商的低存货水平往往会导致制造商的高存货水平,从而影响制造商的经济效益。此外,存货过多还会产生产品过时的风险。因此,存货水平也是容易产生渠道冲突的问题。

同时,由于季节性和产品本身的原因,企业产品的销售往往存在淡旺季的问题。例如:北方市场的冷饮、空调等,在旺季时,营销商往往要求企业大量供货,提供供货保证,缩短供货周期,以防止产品的"脱销",而在淡季时,企业则往往要求营销商多囤货,因为这样既能占用营销商的资金,防止竞争性产品进入,又可以实现销售旺季的高铺货率,为占领市场做好准备。而此时营销商则不愿意投入资金进行大量的存货,而是希望将资金投入其他热销产品的经营中,以获取更大的利润,厂商与营销商之间的矛盾也由此产生。

3. 企业大客户原因

生产商与中间商之间存在着的持续不断的矛盾来源之一是生产商与最终用户建立的直接购销关系。这些直接用户通常是大用户,交易量大,是企业的重要客户资源。在面对大客户时,营销商担心其大客户直接向制造商购买而威胁营销商自身的生存,从而产生了冲突。

4. 销售回款

在营销渠道管理中,企业往往希望营销商尽快回款,以加快资金的周转,同时缓解企业的资金压力,而营销商则希望尽量延期付款,最好等到其下一级营销商回款之后再付款,以便使自己承担的风险最低。通常的情况是企业的营销商都是在支付定金或在完全依靠信用的基础上,先行提货,待货物售出后,再付清全部货款。但总营销商通常又以同样的方式将货物转让给其下级营销商,依此类推,构成了一个很长的回款链条,使货款很难付清。而且一旦链条中的某一个环节出现了问题,就都会把风险转移给制造商,从而使企业蒙受损失。

5. 技术咨询与服务问题

营销商不能提供良好的技术咨询和服务,因而常被制造商作为采用直接销售方式的重要理由。对某些用户来说,一些技术标准比较固定的产品,仍需要通过技术咨询来选择最适合其产品性能的渠道。

6. 营销商经营竞争对手产品

制造商显然不希望它的营销商同时经营竞争企业同样的产品线。尤其在当前的工业品市场上,用户对品牌的忠诚度并不高,经营第二产品线会给制造商带来较大的竞争压力。另一方面,营销商希望经营第二产品线,甚至是希望经营第三产品线,以扩大其经营规模,并免受制造商的控制。

7. 营销渠道调整

由于市场环境的变化或者企业营销目标的调整,企业有时不得不对营销系统进行调整,如对营销系统成员进行增加、减少或者更换等调整。其中,增加渠道成员可能会引起现有成员的不满,而减少渠道成员则可能导致渠道忠诚度的降低,从而诱发渠道冲突。

8. 渠道的控制与反控制

营销渠道中,渠道控制权将最终取决于各成员渠道实力的大小,实力相对较大的一方将能够获得对整个渠道的控制,而处于被控制的一方又会千方百计地增强自身的渠道权力来与之抗衡。由于厂商之间渠道权力分布不均衡,渠道的控制与反控制便永远不会停止,从而导致冲突的发生。

6.2.3 营销渠道冲突处理方法

营销渠道冲突的解决办法多种多样,营销渠道中解决问题的方法或多或少地依赖于权力或领导权,一般来说,解决渠道冲突有以下五种方法:沟通法、劝说法、谈判法、诉讼法和退出法。

一是沟通法。对于垂直渠道冲突,一种有效的处理方法是在两个或两个以上的渠道层次上实行人员互换。比如,让制造商的一些销售主管去部分经销商处工作一段时间,有些经销商负责人可以在制造商制定有关经销商政策的领域内工作。经过互换人员,在遇到垂直渠道冲突时,可使双方设身处地站在对方的角度考虑问题。

二是劝说法。通过劝说来解决冲突其实就是在利用领导力。从本质上来说,劝说是为存在冲突的渠道成员提供沟通机会,强调通过劝说来影响其行为而非信息共享,也是为了减少有关职能分工引起的冲突。既然大家已通过远景目标结成利益共同体,劝说可帮助成员解决有关各自的领域、功能和对顾客的不同理解的问题。劝说的重要性在于使各成员履行自己曾经做出的关于远景目标的承诺。

三是谈判法。谈判的目标在于停止成员间的冲突,妥协也许会避免冲突爆发,但不能解决导致冲突的根本原因。只要压力继续存在,终究会导致冲突产生。其实,谈判是渠道成员讨价还价的一个方法。在谈判过程中,每个成员会放弃一些东西,从而避免冲突发生,但利用谈判或劝说要看成员的沟通能力。事实上,在用上述方法解决冲突时,需要每一位成员形成一个独立的战略方法以确保能解决问题。

四是诉讼法。冲突有时要通过政府来解决,诉诸法律也是借助外力来解决问题的方法。对于这种方法的采用也意味着渠道中的领导力不起作用,即通过谈判、劝说等途径已没有效果。

五是退出法。解决冲突的最后一种方法就是退出该营销渠道。事实上,退出某一营销渠道是解决冲突的普遍方法。一个企图退出渠道的企业应该要么为自己留条后路,要么愿意改变其根本不能实现的业务目标。若一个公司想继续从事原行业,必须有其他可供选择的渠道。对于该公司而言,可供选择的渠道成本至少不应比现在大,或者它愿意花更大的成本避免现有矛盾。当水平渠道或垂直渠道冲突处在不可调和的情况下时,退出是一种可取的办法。从现有渠道中退出可能意味着中断与某个渠道成员或某些渠道成员的合同关系。

6.3 窜货及其治理方法

6.3.1 窜货界定与成因

窜货也被称为冲货,是指分销商在利益的驱动下,违反渠道体系中的销售协议向辖区以外的市场倾销产品的行为。在营销实践中具体表现为跨区域销售,同时伴随着低价或者变相低价。商品流通的本性是从低价区向高价区流动,从滞销区向畅销区流动。同种商品只要在价格上存在地区差异,或者只要同种商品在不同地区的畅销程度不同,就必然会产生地区间的流动。所以窜货乱价如果不加以控制的话是不可避免的。其产生的原因主要有以下几个方面。

一是生产企业在每年年初做年度销售计划的时候都会向经销商加压加量,增加经销商的销售任务。而经销商为了完成生产厂商规定的销售任务,不得不将自己经销的商品销售到其他经销商的市场上去,从而产生窜货现象。

二是生产厂商的促销和考核方法存在缺陷。为了促使经销商大量销售自己的产品以达到早日打开市场的目的,往往给经销商较高的折扣,要求经销商销售较多的商品。在年度考核上,不重过程的考核方式加上厂商平时的监督不力,也在一定程度上纵容了经销商跨区窜货的行为。

三是厂商销售价格体系的混乱。部分企业在产品价格政策的制定上往往采用传统的"三级批发"定价制,即总经销价格、一级批发价格、二级批发价格、三级批发价格,最后加上一个建议零售价格,而在每一级价格之间都安排一定的价格折扣。这样的价格安排表面上看是很合理的,但如果总经销自己直接做销售终端,那么中间的折扣便成了总经销商的丰厚利润。这样的价格安排所产生的空间差异非常大,自然成了经销商不惜冒险跨区销售的经济动力,造成市场商品的窜货。

四是经销商搏回扣。在经营过程中,生产厂商将销售量与给予经销商的折扣大小直接挂钩,一些经销商受高额折扣率驱使,不顾当地市场容量的大小,向生产厂商大量要货。经销商如果在当地不能销售,就会以"倒贴差价,赔本销售"为主要特征的"窜货"方式进行销售。在市场上有时会发现一部分商品的价格甚至比供应商的进价还要低,这种价格"倒挂"从表面上来看,是外地经营者在做"亏本"的生意,但实际上,这些做"窜货"的经销商并不会亏本。因为这些亏损在年度考核时,都可以通过从生产厂商那里获得高额的折扣来弥补。

五是营销人员的原因。营销人员由于职业道德问题及行为不正,与渠道成员联合起来套取他人市场的利益,造成"窜货"的现象。

六是报复行为。因厂家违约,部分承诺未能兑现,或者撤换区域导致区域分销商的冲突,经销商有可能进行恶意报复。

6.3.2 窜货的类型

根据冲货行为对营销渠道所产生的影响,可将其分为良性冲货、低影响性冲货和恶性冲货三种类型。

1. 良性冲货

在公司的产品导入市场初期或在产品的市场空白区域,这种冲货行为较为常见。这是营销渠道上的分销商在利益驱动下,通过灰色渠道的组建,对市场空白区域的跨区销售行为,但是这种冲货行为对渠道的整体效率还能起到一定的促进作用。在一定的程度上能够有效地提高顾客对公司产品的认知度,帮助企业节省推广产品的成本,同时也帮助企业测试市场空白区域对产品的反应情况,为企业将来进一步在营销范围、推广力度等方面的决策提供参考依据。因此,良性冲货是厂家默许和认可的。

2. 低影响性冲货

这类冲货行为多发生于分销商们的销售区域边界,属于分销商在无意识的前提下产品的跨区流动。这种冲突属于低水平冲突,一般不会对渠道效率产生太大的影响。但是企业应该密切关注渠道中的冲货水平,总结和鉴别渠道的冲突性质,避免冲货影响程度的提升。

3. 恶性冲货

恶性冲货是指在厂家的成熟销售网络体系中,分销商为了获得非正常利润而以低于厂家规定之售价跨区销售其产品,造成渠道内的价格混乱,进而使其他分销商对所经销产品失去信心,使消费者对品牌的信任度下降的行为。这种冲货行为会使营销渠道变得低效,甚至影响到生产商的正常经营活动。

恶性冲货属于高水平的冲突,如果企业不及时有效地进行控制,就会产生较大程度的破坏,甚至导致渠道网络面临崩溃的危险。因此,企业应当在渠道监测的过程中通过有效手段将冲突水平控制在中等水平以下并适时地对渠道系统予以控制。

6.3.3 窜货的治理对策

1. 厂商的对策

从经济利益驱使的角度来看,窜货在市场当中是不可能完全避免的,作为营销渠道源头的生产厂商应该有的放矢地开展工作,采取切实有效的措施,力求减少恶性窜货现象,避免给企业造成不必要的损失。

一是要完善渠道政策和管理约束机制。生产厂商在建立渠道政策规章制度时,可以召集各地的主要经销商一起商讨,在取得经销商的认同后,将有关条文列入经销合同,并将这些条文作为合同执行的保证。在外有市场检查人员、内有约束条文的控制下,使各经销商自觉地按照自己的销售区域来经销商品。生产厂商在自己的销售部门设立销售渠道的管理机构,配备一定数量的、具有较强责任心的人员,在明确责任的同时给予一定的监督权力,使企业的销售渠道有人管理,有人负责。渠道管理人员通过到各地做市场调查,掌握第一手资料,为处理窜货提供依据。

二是根据实际情况适当划分市场范围和制定合理销售目标。当企业选择渠道成员时,生产厂商的市场开发部门除了要考察该商家本身的条件外,还应该到准备销售的区域去进行实地考察调研,了解当地的实际情况,比较准确地确定当地的可能销售量。根据销售情况预测,科学地确定中间商的销售量,使每个中间商都有一定的能力完成自己的销售任务,不用窜货也能获得销售奖励。

三是应用相关技术,对企业产品进行区域标码识别,加强查处力度。为了防止窜货和有效查处窜货者,生产者可以考虑除了明标货号、批次等外的暗标批号,采取荧光喷码技术,在商品的外包装不引人注意的地方喷上肉眼看不出来的荧光漆号码,在每批次发货时,暗中记下该号码和收货人或者经销商的名称,再经常派出市场调查人员,检查市场上销售的本企业生产的产品,一旦发现窜货的商品,可以及时比对暗码,这样就能确定这批货的出处。对这类经销商或经销企业从重处罚,甚至可以撤销其经销权。

四是设计和执行合理价格的体系,合理分配利润。窜货现象出现的一个根本性原因是生产厂家和经销商都片面地强调自身的经济利益,想方设法使价格对自己有利,使价格体系不尽合理,从而导致窜货现象的发生。因此,生产厂家和经销商通过结成利益均衡联盟,多协商沟通,制订出一个双方都能获得理想利润的价格方案,就能够从源头上对窜货现象进行有效的管理。

五是加强与经销商的沟通。生产厂商可以通过业务培训等方式,增进生产厂商和经销商的联系和沟通,使双方对窜货现象的危害性有共同的认识,在思想认识上和行为上做到自觉抵制窜货。

2. 经销商的对策

治理窜货问题,除了生产厂商应注意采取相应的措施以外,经销商也应该采取适当的措施加以防范,以减少窜货所造成的损失,经销商主要从以下几个方面进行努力。

一是要应量力而行,确定一个合理的销售额指标。经销商在与生产厂商签订经销合同时,自己要先进行市场调查,与生产厂商协商确定一个合适的经销数量,这个数量应该是经过努力能够完成的,而不是超过经销商自己的经销能力和市场规模的目标。

二是与生产厂商明确经销区域,用法律的手段来防范窜货。经销商在与生产厂商签订经销合同时,应该与生产厂商明确经销区域,并且在合同中明确规定当出现窜货现象时,生产厂商应该承担的责任,这样当市场上出现了窜货时,经销商就可以根据经销合同要求生产厂商协助消除,还可以通过生产厂商追究窜货者的经济责任,并根据合同规定,要求生产厂商做一定的经济补偿。

三是协助生产厂商加强对经销范围内窜货商品来源的调查。经销商要对自己经销范围内的同种商品来源进行调查,一旦发现窜货现象就向生产厂商举报,及时沟通、查处。

四是经销商要加强自身公关能力和促销能力,提升区域内的经销形象。经销商在自身负责的区域内应该做一些必要的宣传和公关活动,让区域内的消费者尽可能地到经销商的经销部购买产品,不给窜货者留有太多的机会。

【案例】

娃哈哈防止窜货的"十把利剑"

一、实行双赢的联销体制度

娃哈哈在全国31个省市选择了1000多家能控制一方的经销商,组成了几乎覆盖中国每一个乡镇的联合销售体系,形成了强大的销售网络。娃哈哈采用保证金的方式,要求经销商先打预付款。打了保证金的经销商,与娃哈哈的距离大大拉近,极大地改变了娃哈哈的交易组织。娃哈哈公司董事长兼总经理宗庆后称这种组织形式为"联销体"。经销商交的保证金也很特别,按时结清货款的经销商,公司偿还保证金并支付高于银行同期存款利率的利息。宗庆后说,经销商打款的意义是次要的,更重要的是维护一种生产厂商之间独特的信用关系。我们要经销商先付款再发货,但我给经销商利息,让经销商的利益不受损失,每年还返利给经销商。这样,我的流动资金十分充裕,没有坏账,双方都得了利,实现了双赢。娃哈哈的"联销体"以资金实力、经营能力为保证,以互信、互助为前提,以共同受益为目标指向,具有持久的市场渗透力和控制力,并能大大激发经销商的积极性和责任感,这些对防止窜货具有重要的意义。

二、实行级差价格体系

娃哈哈现在的销售网络构成是公司—特约一级经销商—特约二级经销商—二级经销商—三级经销商—零售终端。如果娃哈哈不实行严格的价格管理体系,由于每个梯度都存在价格空间,这就为重利不重量的经销商窜货提供了条件。特别是如果特约经销商自己做终端,就可获得丰厚的利润。为了从价格体系上控制窜货,保护经销商的利益,娃哈哈实行级差价格体系管理制度。娃哈哈为每一级经销商制定了灵活而又严明的价格,根据区域的不同情况,分别制定了总经销价,一级批发价,二级批发价,三级批发价和零售价,在销售的各个环节上形成严格合理的价差梯度,使每一层次、每一环节的经销商都能通过销售产品取得相应的利润,保证各个环节有序地进行利益分配,从而在价格上堵住了窜货的源头。

三、建立科学稳固的经销商制度

选取合适的经销商,规范经销商的市场行为,为经销商营造一个平等、公正的经营环境,对于防止窜货是十分重要的。娃哈哈对经销商的选取和管理十分严格。近年来,娃哈哈放弃了以往广招经销商、来者不拒的策略,开始精选合作对象,筛选出那些缺乏诚意、职业操守差、经营能力弱的经销商,为防止窜货上了第一道保险。娃哈哈虽然执行的是联销体制度,但企业与经销商之间是独立法人关系,所以娃哈哈和联销体的其他成员签订了严明的合同。在合同中明确加入了"禁止跨区销售"的条款,将经销商的销售活动严格限定在自己的市场区域范围之内,并将年终给各地经销商的返利与是否发生窜货结合起来,经销商变被动为主动,积极配合企业的营销政策,不敢贸然窜货。娃哈哈的政策使他们意识到:市场是大家的,品牌是生产厂商共有的,利益是共同的,窜货会损害双方的利益。

四、全面的激励措施

很多生产厂商将销量作为返利的唯一标准,销量越多,返利就越高,导致那些以做量为根本,只赚取年终返利就够的经销商,不择手段地向外"侵略"。娃哈哈也有返利激励,但并不是单一的销量返利这样的直接激励,而是采取包括间接激励在内的全面激励措施。间接激励,就是通过帮助经销商进行销售管理,以提高销售的效率和效果来激发经销商的积极性。比如,娃哈哈各区域分公司都有专业人员指导经销商,参与具体销售工作;各分公司派人帮助经销商管理销货、理货以及广告促销等业务。与别的企业往往将促销措施直接针对终端消费者不同,娃哈哈的促销重点是经销商,公司会根据一定阶段内的市场变动和自身产品的配备,经常推出各种各样针对经销商的促销政策,以激发其积极性。对一个成熟的经销商而言,它更希望长期稳定的合作同盟和收益来源,加上娃哈哈"无偿"地全力配合销售,总部的各项优惠政策可以不打折扣地到位,有哪个经销商愿意用窜货来破坏这种和谐难得的合作关系呢?

五、产品包装区域差别化

在不同的区域市场上,相同的产品包装采取不同标志是常用的防窜货措施。娃哈哈和经销商签订的合同中给特约经销商限定了严格的销售区域,实行区域责任制。发往每一个区域的产品都在包装上打上了一个编号,编号和出厂日期印在一起,根本不能被撕掉或更改,除非更换包装。比如,娃哈哈AD钙奶有三款包装在广州的编号是A51216、A51315、A51207。这种产品包装差异化能较准确地监控产品的去向。企业营销人员一旦发现了窜货,可以迅速追踪产品的来源,为企业处理窜货事件提供真凭实据。

六、企业控制促销费用

有的企业是按销量的百分比给经销商提取促销费用,销量越大,可供经销商支配的促销费用也就越多;有的企业让营销人员控制促销费用。经销商和营销人员是否将生产厂商拨给的促销费用全部用以推广,其实厂家难以掌控,因而一些经销商和企业的营销人员往往从促销费用中拿出一部分钱用于低价窜货把销量做上去。因此,促销费用由经销商和营销人员掌握,变相为低价位,造成新的价格空间,给经销商和营销人员窜货创造了机会。娃哈哈经常开展促销活动,但促销费用完全由娃哈哈自己掌控,从不让经销商和公司营销人员经手操作。因此,在促销费用管理上,娃哈哈杜绝了窜货。

七、与经销商建立深厚的感情

生产厂商之间的感情对防止经销商窜货也非常重要。经销商为了自身的利益,会维系这种已建立好的关系,不会轻易窜货来破坏这份感情。娃哈哈和经销商的关系是非常融洽的,感情是深厚的,有许多经销商都是与娃哈哈一起成长起来的。娃哈哈以下的一些制度和做法无疑能维持和加深与经销商的感情。

1. 对经销商信守诺言

为什么每年经销商都踊跃地向娃哈哈预交保证金,很重要的一个原因就是娃哈哈的承诺能够兑现,娃哈哈赢得了经销商的信任,这样可以防止生产厂商没有向经销商履行承诺或是企业没有完全按照合约执行而引起经销商不满甚至愤怒导致的"报复性"窜货。

2. 为经销商提供销售支持

公司常年派出一到若干位销售经理和理货员帮助经销商开展各种铺货、理货和促销工作。甚至在某些县区，当地的一批经销商仅仅提供了资金、仓库和一些搬运工，其余的所有营销工作都由娃哈哈派出的营销人员具体完成。

3. 每年举行全国联销体会议

娃哈哈总是借此机会热情款待地每一位合作伙伴，以加深感情，巩固合作关系。

4. 把经销商当朋友

在工作上是很好的合作伙伴，在生活上把经销商当朋友。2002年的春节联欢晚会，中央电视台给了娃哈哈20张入场券，公司把这难得的机会给了经销商，17位与娃哈哈长期友好合作的经销商亲睹了节目晚会的盛况。

八、注重营销队伍的培养

企业内部的销售人员参与窜货的现象也并不鲜见，有些营销人员，由于缺乏职业道德、操守不正，置企业的销售政策和利益不顾，参与窜货。目前，娃哈哈在全国各地只有2000多销售人员，为什么如此少的销售人员可以帮助公司完成超过60亿元的年销售额？这与娃哈哈注重营销队伍的建设和培养是分不开的，主要表现在以下几个方面。

1. 严格人员招聘、选拔和培训制度，挑选真正符合要求的最佳人选

有敬业精神、政治素质和业务能力的，不论资历均可破格提升担任一定职务；对能力弱、素质差或不受欢迎的职工，重新培训达不到要求的实行淘汰。

2. 在企业中营造一种有利于人才发挥所长的文化氛围

娃哈哈的发展史，是一部不断尊重员工、尊重人才，不断提高凝聚力的历史。

3. 制定合理的绩效评估和奖罚制度，真正做到奖勤罚懒，奖优罚劣

定期对营销人员进行考核，一经发现违纪行为，进行严肃处理。

4. 实施关心人、理解人、体贴人的情感管理

公司不但注重人尽其用，还非常注重对员工生活的关心。如娃哈哈不定期举办"千人演唱会""职工运动会""千人大旅游"等活动，体现企业"大家庭"氛围，增强员工的归属感。

九、制定严明的奖罚制度

面对窜货行为，娃哈哈有严明的奖罚制度，并将相关条款写入合同内容。很多企业窜货之所以控制不了，一个很重要的原因就是生产厂商对经销商心慈手软，有许多经销商是多年的老客户，一时下不了狠心。可娃哈哈不理这一套，对越区销售行为，严惩不贷，决不讲任何情面，而且，娃哈哈在处理窜货上之严格，为业界之罕见。每到年底时，对于没有遵守协议的销售商，公司将扣除经销商的保证金用以支付违约损失，情节严重的甚至取消经销资格。在保证金的约束和公司严厉的处罚下，经销商绝不敢轻举妄动。

十、成立反窜货机构

娃哈哈专门成立了一个反窜货机构，巡回全国，严厉稽查经销商的窜货行为和市场价格，严格保护各地经销商的利益。娃哈哈把制止窜货行为作为日常工作常抓不懈，反窜货人员经常检查巡视各地市场，及时发现问题并会同企业各相关部门及时解决。有时宗庆后及其各地的营销经理也经常到市场检查，第一要看的便是商品上的编号，一旦发现编号与地区不符，便严令要彻底追查，一律按合同条款严肃处理。

（资料来源　2007年02月06日　中国物流与采购网，略有改动。）

【思考题】

1.什么是营销渠道权力？营销渠道权力有哪些类型？
2.简述营销渠道冲突的类型。
3.营销渠道冲突解决的方法有哪些？

【驱动任务与实训项目】

任务情景与实训内容

王总走进办公室,桌上的文件已经被秘书分类并摆放整齐了,他喜欢喝的绿茶也用玻璃杯泡好了。他坐下后,开始看一份份的文件、资料、信函。一份从广东云浮地区发来的信件引起了王总的注意,这是客户梅新的信件,梅新是该公司的优质大客户,也是该公司重点支持的客户。

王总很快地浏览了一遍,脸色变得凝重起来。这是他今年以来第四次听到或看到反映本公司市场管理不善,产品发生窜货的事情。王总抓起电话,很快地把市场管理部的刘洁部长叫了过去,并将客户梅新的信件递给了刘部长。王总严肃地讲,窜货事件是大事,为什么至今还没有拿出措施解决？刘部长首先表示自己工作失职,只注意销售而忽视市场管理。然后,就该客户提到的窜货问题做了简要的汇报:窜货地区发生在广西的贺州地区与广东的云浮地区,窜货的产品是A产品,窜货A产品低价销售,严重地扰乱了当地零售价格,已经给A产品的销售带来了消极的影响。这个问题早在去年6月份就发生了,当时,客户梅新也反映了这个情况。但是,调查中广西片区经理以及广西贺州地区客户自始至终都否认发生了窜货的事情。过去曾想过用条码的方法来管理产品的市场流向,借此区别窜货来源。由于运输业设备比较落后,无法实现有目的地分拣,这一想法也就没有落实。目前,还没有很好的办法解决窜货问题。

王总听了刘部长的反映后,很不满意。显然,刘部长的说法站不住脚。要么这件事情没有引起刘部长的重视,要么刘部长不负责任。暂且不管刘部长表现怎么样,窜货问题必须尽快拿出解决措施才行。先解决客户反映的问题,给客户一个满意的答复。为此,王总责令刘部长两天内给客户梅新复函,同时,限定半个月内拿出确认窜货、处罚窜货当事人的管理办法,使市场管理走向正规。作为发展中的企业,王总意识到必须下决心处理好窜货问题,否则,将造成客户对公司的不信任,同时引起片区经理之间的内斗,此外,也会加快好产品的终结。

请给刘部长出出主意:刘部长给客户复函要注意什么？然后,刘部长怎么才能有效解决窜货问题呢？

实训目的

1.了解预防窜货的措施,提出解决窜货问题的措施。
2.掌握营销渠道窜货管理和控制的方法。

实训要求

1.在上课之前安排学生分组准备相关资料,书写客户回复函。提出解决公司窜货问题的整体方案。
2.学生完成文档报告并在课堂上进行交流与互评。
3.根据要求可开展学生之间的辩论。

【课后案例】

格力空调:离开国美,走自己的路

珠海格力集团公司是珠海市目前规模最大、实力最强的企业之一。集团拥有的"格力""罗西尼"两大品牌于1999年1月和2004年2月被国家工商局认定为中国驰名商标。2003年,格力集团共实现营业收入198.42亿元,位列中国企业500强第88名。集团下属的珠海格力电器股份有限公司是中国目前生产规模最大的空调生产基地,现有固定资产7.6亿元,拥有年产空调器250万台(套)的能力。经过多年的发展,格力空调已奠定了国内空调市场的领导者地位,格力品牌在消费者中享有较高的声誉。据国家轻工业局、中央电视台调查中心的统计数据,从1996年起,格力空调连续数年产销量、市场占有率均居行业第一。现在,格力空调产品覆盖全国并远销世界100多个国家和地区。

多年以来,格力空调一直采取的是厂商—经销商/代理商—零售商的渠道策略,并在这种渠道模式下取得了较高的市场占有率。然而近年来,一批优秀的渠道商经过多年发展历程,已经成长为市场上的一支非常重要的力量。其中,尤以北京国美、山东三联、南京苏宁为代表的大型专业家电连锁企业的表现最为抢眼。这些超级终端浮出水面,甚至公开和制造企业"叫板"。自2000年以来,这些大型专业连锁企业开始在全国各大中城市攻城略地,在整个家电市场中的销量份额大幅度提高,其地位也直线上升。

2004年2月,成都国美为启动淡季空调市场,在相关媒体上刊发广告,把格力两款畅销空调的价格大幅度下降,零售价原为1680元的1P挂机被降为1000元,零售价原为3650元的2P柜机被降为2650元。格力认为国美电器在未经自己同意的情况下擅自降低了格力空调的价格,破坏了格力空调在市场中长期稳定、统一的价格体系,导致其他众多经销商的强烈不满,并有损于其一线品牌的良好形象,因此要求国美立即终止低价销售的行为。格力在交涉未果后,决定正式停止向国美供货,并要求国美电器给个说法。"格力拒供国美"事件传出,不由让人联想起2003年7月份发生在南京家乐福的春兰空调大幅降价事件,二者如出一辙,都是商家擅自将厂家的产品进行"低价倾销",引起厂家的抗议。

2004年3月10日,四川格力开始将产品全线撤出成都国美6大卖场。四川格力表示,这是一次全国统一行动,格力在全国有20多家销售分公司,其中有5家公司与国美有合作,产品直接在国美销售,导致这次撤柜的主要原因是与国美在2004年度的空调销售政策上未能达成共识。同年3月11日,国美北京总部向全国分公司下达通知,要求各门店清理格力空调库存。通知称,格力代理商模式、价格等已经不能满足国美的市场经营需求,要求国美各地分公司做好将格力空调撤场的准备。

面对国美的"封杀令",格力的态度并没有退让。格力空调北京销售公司副总经理金杰表示:"国美不是格力的关键渠道,格力在北京有400多个专卖性质的分销点,它们才是核心。谁抛弃谁,消费者说了算。"格力空调珠海总部新闻发言人黄芳华表示,在渠道策略上,格力不会随大流。格力空调连续数年全国销量第一,渠道模式好与坏,市场是最好的检验。格力电器公司总经理董明珠在接受《广州日报》记者采访时表示,格力只与国美的少数分店有合作,此事对格力空调的销售几乎没有什么影响,自己的销售方式也不会为此做出改变。对一个企业来说,对任何经销商都应该是一个态度,不能以大欺小,格力对不同的经销商价格都是一样的。格力在各地设立自己的销售公司主要是为了在各个区域进行市场规范管理,保持自己的品牌形象,而销售公司靠服务取得合理利润,价格一直贴近市场,格力空调去年500万台的销量就证明了这一点,因此格力不会改变这种销售方式。对于今后能否与国美继续合作,格力坚持厂商之间的合作必须建立在平等公正的基础上,违背这种合作原则只能一拍两散。

事实上,在国美、苏宁等全国性专业连锁企业势力逐渐强盛的今天,格力电器依然坚持以自身经销网点为主要销售渠道。格力是从2001年下半年才开始进入国美、苏宁等大型家电卖场中的。与一些家电企业完全或很大程度地依赖家电卖场渠道不同的是,格力只是把这些卖场当作自己的普通经销网点,与其他众多经销商一视同仁,因此在对国美的供货价格上也与其他经销商一样,这是格力电器在全国的推广模式,也是保障各级经销商利益的方式。以北京地区为例,格力拥有着1200多家经销商。2003年度格力在北京的总销售额为3亿元,而通过国美等大卖场的销售额不过10%。由于零售业市场格局的变化,格力的确已经意识到原来单纯依靠自己的经销网络已经不适应市场的发展,因此从2001年开始进入大卖场,但格力以自有营销网络作为主体的战略并没有改变。

而在国美方面,国美电器销售中心副总经理何阳青认为,格力目前奉行的股份制区域性销售公司的"渠道模式"在经营思路以及实际操作上与国美的渠道理念是相抵触的。国美表示,格力的营销模式是通过中间商的代理,然后国美再从中间商那里购货。这种模式中间增加了一道代理商,它必定是要增加销售成本的,因为代理商也要有它的利润。格力的这种营销模式直接导致了空调销售价格的抬高,同品质的空调,格力要比其他品牌贵150元左右,这与国美一直推行的厂家直接供货、薄利多销的大卖场模式相去甚远。国美与制造商一般是签订全国性的销售合同,而由于现在格力采取的是股份制区域性销售公司的经营模式,与格力合作时就不得不采取区域合作的方式,这与国美的经营模式也是不相符合的。

(资料来源 http://course.shufe.edu.cn/course/marketing/allanli/geli.htm。略有改动。)

[案例思考]

1. 格力空调和国美电器之间的渠道冲突反映了新时期厂商和渠道商之间新型的博弈关系。你认为现在厂商和渠道商之间的力量对比如何?二者之间的关系应当如何处理?

2. 格力空调现在所采取的渠道策略正确吗?你认为可以从哪些方面加以改进?

任务7 营销渠道成员激励

【任务引入】

某食品公司营销经理张某,眼看大半年过去了,公司销售计划只完成了1/3,于是请示公司决定搞一次促销活动以激励经销商大量进货,方法是每进一件产品奖励现金50元。经销商见有利可图,进货积极性高涨,一周后上半年落下的任务就完成了。然而没出一个月市场就发生了意外:市场上一直平稳的价格莫名其妙地下滑,零售价格一片混乱。公司派人出面调查,并禁止零售商们降低价格销售。零售商们当面说得好听,但过后依然低价出售。原因很简单:在高额促销费的刺激下,零售商进货量大增,但是零售商并不能将货按照正常价格出售,为了回笼资金,零售商只好低价甩卖。由于促销费高零售商低价甩卖,少赚了一点,但是对于食品公司来说,价格降下来很难再拉上去,损失的是食品公司。该食品公司该如何面对这种局面呢?

【任务分析】

企业营销渠道激励是公司不可或缺的环节,其有效的方法不仅仅有物质方面的,还有精神方面的。在考虑激励政策的设计与实施的时候,应该将短期效果和长期效果两个方面结合起来考虑,一定要避免只注重短期效果的行为。要通过持续的激励举措来刺激中间渠道成员,激励它们的销售热情,提高分销效率。

【知识链接】

7.1 营销渠道成员需求的内涵与识别

7.1.1 营销渠道成员的差异化需求

根据激励的过程来看,营销渠道中的生产企业要想实现理想的渠道成员激励效果,其首要的任务是要不断发现其新的需求和问题并加以解决。但是在营销渠道体系当中,渠道成员不同于生产企业自己的内部员工,作为营销渠道成员的中间商企业或者个体,是独立于生产企业组织体系之外的独立法人,它们在企业文化、营销策略、员工激励、技术培训、广告宣传、售后服务等方面和生产企业本身存在差异。

1. 麦克威(McVey)的差异需求总结

麦克威(McVey)认为,中间商与生产企业在需求与所面临的问题方面的不同可以归纳为四点。

一是,中间商并不认为自己是生产企业铸造的链条上雇用的环节。中间商首先充当的是其顾客的采购代理,其次才是其供应商的销售代理。

二是,中间商希望经销顾客对从其处购买的任何产品都十分感兴趣。中间商试图把所有可供产品组合成一个产品家族,并将全部产品以系统组合的方式全部打包出售给顾客。

三是,中间商尽力销售的目的是获取整体产品的订单,而不是单个产品的订单。

四是,除非得到足够的激励,中间商一般不会保留按照产品品牌所做的销售记录。对生产企业的产品开发定价、组合或促销有用的信息,通常被隐藏在中间商自己的记录中,有时甚至故意不提供给供应商。

2. 营销渠道成员的需求随渠道关系生命周期演变

生产企业和中间商之间的渠道关系也会经历一个生命周期的过程,我们也可以把它概括为产生、成长、成熟和衰退四个不同的阶段。与基于产生生命周期的不同阶段设计营销策略的思路一样,在不同周期阶段当中,营销渠道成员的需求和出现的问题也不尽相同。

一是渠道关系的产生阶段,渠道成员的需求和问题主要表现为生产企业与中间商之间在经营目标、经营哲学等方面的差异。生产企业与中间商签订协议后,双方就正式进入了渠道关系生命周期。此时,生产企业应向中间商详细介绍其的经营理念、企业文化、产品的目标群体和将来的发展目标。

二是渠道关系的成长阶段,中间商的主要需求是生产企业能够及时有效地发现合作过程中的问题,并能够得到迅速解决。比如,在某些服务上做得不到位、承诺的技术培训没有如期开展、生产企业供货不及时、市场未能做到有效区隔等等。此阶段的中间商希望尽快进入角色,了解产品的特点和行业的状况,及时有效地推广市场,为双方的渠道关系奠定坚实的合作基础。因此要求企业与渠道成员合作双方的步调都比较迅速,积极推动合作,此时如果生产企业忽略了与中间商的沟通,发现和解决问题的速度不够快,则很容易由于初期的合作基础不牢固,信任关系没有完全形成而导致无法继续合作。

三是渠道关系的成熟阶段,要求企业采用强化的手段巩固关系。达到成熟期的渠道合作关系应该是逐步趋于稳定,此阶段中间商的市场推广在正常情况下应该比较顺利,有稳定的获利,市场占有率达到一定的水平,获得了预期的利益。但这种良好的渠道关系需要双方共同的努力和维持,如果连续发生服务延迟、投诉处理不当、投入减少等冲突,双方的渠道关系则将很快从成熟期步入衰退期。

总之,中间商的需求和问题会在不同时期有所不同,因此,生产企业采用不同的方式对症下药才是维护双方关系的正确途径。当然,如果双方的关系确实难以维系,渠道总体效率下降,则应考虑结束渠道关系。

7.1.2 营销渠道成员的 ERG 理论基础的需要类别划分

根据 ERG 理论基础,我们也可以把渠道成员在渠道关系中不同的需要划分为生存需要、关系需要和成长需要,如表 7-1 所示。生产企业应根据渠道成员不同类别的需要分别制定相应的渠道政策和激励方法与手段,以达到激励渠道成员的效果。

表 7-1 渠道成员的需要表现

需要的类型	渠道成员的需求表现
生存需要	有维持企业生存的收益;关注购销差价及让利
关系需要	批发商与合作伙伴、政府、团体、大众的关系得到同行尊重
成长需要	为未来成就奠定基础,增强企业实力并积累发展经验

7.2 营销渠道成员激励方法

当前营销渠道成员激励的分类方法有很多种:一是依据激励措施针对的对象来划分,主要有对总代理总经销的激励、对二级代理的激励、对零售终端的激励和对消费者的激励;二是依据激励实施的时间来划分,包括年度激励、季度激励和月度激励;三是依据激励采取的手段来划分,包括直接激励和间接激励。

在企业的营销实践当中,主要以直接激励和间接激励的不同手段为激励方案设计的基础,同时采用两种或两种以上的激励方式进行组合使用,形成一个可以实现生产企业渠道战略的激励方案,以达到最大的激励效果。因此本书主要对依据激励手段分类的几种常用的激励手段进行讲解。

7.2.1 直接激励

直接激励,是指生产企业通过给予渠道成员物质或金钱来对其在市场销售活动、行为规范操作等方面的绩效进行奖励。主要的方式有以下几种。

1. 对渠道成员的返利制度

返利是指厂商根据一定的评判标准,以现金或实物的形式对渠道成员进行的滞后奖励。其特点是滞后兑现,而不是当场兑现。主要的返利分类有以下三种方式。

一是,从兑现时间上来进行分类,一般分为月度返利、季度返利和年度返利三种。

二是,从兑现方式上来进行分类,一般分为明返、暗返和明返与暗返结合的方式。

明返是指明确告诉代理商在某个时间段内累积提货量对应的返利数量。其好处是返利数额具体明了,利于促进营销商的出货能动性,弊端是极易出现营销商为达目的不择手段的窜货、低价倾销等乱市现象。

暗返是对代理商不明确告知,而是根据厂商自身的库存余量、利润率给予不同的返利。好处是利用代理商争取返利的"赌博"心理,全面带动厂商全线产品的销售,避免在销售中出现过于倾斜于某一热销产品的情况。其弊端是:对弱势品牌而言,对渠道的吸引力有限;对弱势渠道成员而言,由于销售资源和能力有限,很难在多个产品上同时上量,获取暗返的难度很大,导致失去激励作用。

明返与暗返结合是将部分返利公布,对部分返利保密,两者综合运用。其好处是:公布明扣的数据,促进营销商的积极性;掌握一部分暗扣,利于进一步促成营销商的主观能动性,并能对营销商形成威慑,使其不致轻易"使坏",即先让渠道看到盼头,最终又尝到甜头。其弊端是具体操作难度较大,需要综合设计明返与暗返的组合形式与配合力度。

三是,从评判标准上来进行分类,一般可以分为销量返利和过程返利两种。

目前,我国大多数企业对渠道成员采用的方式是销量返利政策,即根据渠道成员销售量的大小来确定返利比率。销量返利,是为直接刺激渠道成员的进货力度而设立的一种奖励,目的在于提高销售量和利润。营销实践中通常有三种形式:销售竞赛,即对在规定的区域和时段内销量第一的渠道成员给予奖励;等级进货奖励,即对进货达到不同等级数量的渠道成员给予奖励;定额返利,即对渠道成员达到一定数量的进货金额给予奖励。在产品进入市场的初期,这一政策的作用较为明显,是帮助企业尽快提高市场占有率及品牌知名度的有效手段。但当产品进入快速发展期或成熟期时,企业销售工作的重点逐步转向了稳定市场,随着竞争的日益激烈,销量返利也可能会导致中间商窜货与乱价等短期行为。

过程返利,是一种直接管理销售过程的激励方式,与销量返利相比,过程返利既可以提高中间商的利润,从而扩大销售,又能防止中间商的不规范运作,目的在于通过考察市场运作的规范性以确保市场健康发展。过程激励通常包括对铺货率、销售量、售点气氛即商品陈列生动化、安全库存水平、指定区域销售、规范价格、专销(即不销售竞品)、守约付款等进行综合评定来确定返利标准。

【案例】

百事可乐对返利政策的规定

百事可乐公司对返利政策的规定细分为五个部分:季度奖励、年折扣、年度奖励、专卖奖励和下年度支持奖励。年折扣为"明返"，在合同上明确规定为1‰，其余四项奖励均为"暗返"，事前无约定的执行标准，事后才告知经销商。具体操作方法如下。

一是季度奖励，在每一季度结束后的两个月内，按一定的进货比例以产品形式给予。这既是对经销商上季度工作的肯定，又是对下季度销售工作的支持，这样就促使厂商和经销商在每个季度合作完后，对合作的情况进行反省和总结，以便相互沟通，共同研究市场情况。同时百事可乐公司在每季度末还派销售主管对经销商业务代表进行培训指导，帮助落实下一季度销售量及实施办法，增强了相互之间的信任。

二是年终折扣和年度奖励，在次年的第一季度内，按进货数的一定比例以产品形式给予。

三是专卖奖励，是经销商在合同期内，专卖某品牌系列产品，在合同期结束后，厂商根据经销商的销量、市场占有情况以及与厂商合作情况给予的奖励。专卖约定由经销商自愿确定，并以文字形式填写在合同文本上。在合同执行过程中，厂商将检查经销商是否执行专卖约定。

四是下年度支持奖励，是对当年完成销量目标，继续和制造商合作，且已续签销售合同的经销商的次年销售活动的支持。此奖励在经销商完成次年第一季度销量的前提下，在第二季度的第一个月以产品形式给予。

因为以上奖励政策事前的"杀价"空间太小，经销商如果低价抛售造成了损失和风险，厂商是不会考虑的。百事可乐公司在合同上就规定每季度对经销商进行一些项目考评：如实际销售量、区域销售市场的占有率、是否维护百事产品销售市场及销售价格的稳定、是否执行厂家的销售政策及策略等。为防止销售部门弄虚作假，公司还规定考评由市场部、计划部抽调人员组成联合小组不定期地进行检查，以确保评分结果的准确性、真实性。

（资料来源　常永胜《营销渠道：理论与实务》，略有改动。）

2. 职能付酬

职能付酬是指厂家根据渠道成员完成的职能、相应的业绩及合作程度给予渠道成员报酬激励。比如，厂商不是直接将一定比例的佣金直接付给渠道成员，而是制订一个奖励计划：完成基本的销售任务付20%佣金，保持有30天的存货付给5%佣金，按时支付货款支付10%佣金等。

3. 放宽回款条件

资金回笼是厂家关注的重要问题，但是相对于制造商而言，许多渠道成员的资金实力都相对有限，所以它们对付款条件会较为关注。生产企业应针对不同类型渠道成员的特定需要，通过对其诚信度的调查，适当放宽付款方式的限制，甚至可在安全范围内为其提供信用贷款，帮助其克服资金困难，这样也能达到较好的渠道成员激励效果。

4. 各种补贴

补贴政策是厂商针对渠道在履行渠道职能和功能的过程中所付出的种种努力给予奖励的激励方式。比如，广告费用的补贴、商铺陈列的补贴、运输费用的补贴、新品上市的补贴、样品的补贴等。这样既能够扩大产品的市场推广力度，又能提升渠道成员的工作积极性。

5. 渠道建设投入

渠道建设投入是厂商在营销渠道建设过程中对一定的专有资产进行的投入。这样做使得渠道成员承担较长期的责任，能够在合作过程中建立起利益互锁的关系。比如，美的大力扶持专卖店建设，在隆重召开的"同心携手，共赢未来"暨2013年陕西美的空调专卖店发展研讨会上，陕西美的制冷公司董事长王小宁女士郑重宣读了红头文件《关于2013年度陕西美的空调专卖店扶持政策的通知》,陕西美的制冷产品销售有限公司从3月1日起,对旗下空调专卖店在装修费用、年终奖励、租金补贴、专项促销等八个方面进行补助支持,力度空前。

物质激励作为渠道成员激励的一种重要手段,能最大限度地满足渠道成员的利益保障需要,激发其工作热情,但多用可能会导致营销渠道出现价格失控、管理失控的混乱局面,同时,还需要承担企业利益损失的风险。因此,企业应在了解渠道成员的实际需要前提下,以建立长远稳定的发展渠道为目标,有针对性地适度地使用直接激励政策。

7.2.2 间接激励

间接激励是指通过帮助渠道成员进行销售管理,以提高销售的效率和效益来激发渠道成员的积极性和销售热情的激励手段,主要的做法有以下几种。

1. 渠道支持

渠道支持主要包括对中间商的库存管理、信息支持,对零售商进行零售终端管理、市场支持和技术支持与维修服务等。信息支持是指厂商通过对渠道成员提供产品和市场的相关信息,帮助渠道成员提高销售能力。渠道的终端管理内容包括铺货和商品生动化陈列等。市场支持包括广告、市场推广活动、渠道的拓展、共同广告宣传等支持。

【案例】

宝洁公司对营销商的渠道支持

主要做法:制定更完善的覆盖区域划分、向营销商派驻厂商代表协助销售、协助培训营销商销售人员、招聘专职市场覆盖人员并负责对其工资奖金的发放、为营销商提供覆盖服务费、确立14天回款返利3%的回款激励系统、协助营销商提高物流管理水平并推行数字化管理等。宝洁公司要求经销商组建宝洁产品专营小组,由厂方代表负责该小组的日常管理。专营小组的构成一般在10人以上,具体又可分为大中型零售店、批发市场、深度营销三个销售小组。每个销售人员在给定的目标区域、目标客户范围内,运用"路线访销法"开展订货、收款、陈列、POP张贴等系列销售活动。厂商代表必须协同专营小组成员拜访经销商,不断对经销商进行实地指导与培训。同时,为了确保厂商代表对专营小组成员的全面控制管理,专营小组成员的工资、奖金,甚至差旅费、电话费等全部由宝洁公司负责发放。厂商代表依据销售人员的业绩,以及协同拜访和市场抽查的结果,确定小组成员的奖金额度。宝洁公司还要求经销商配备专职文员以及专职仓库人员,工资、奖金亦由宝洁公司承担。宝洁公司的这些做法,不仅有效地帮助经销商提高了运营管理水平,使经销商获得了更多利益,同时也在此过程中向经销商灌输了宝洁公司的经营理念和文化,更加巩固了与经销商的合作关系。

(资料来源 常永胜《营销渠道:理论与实务》,略有改动。)

2. 渠道成员的发展激励

渠道成员的发展激励主要从以下两个方面进行考虑。一是对渠道成员进行培训。在国际市场上,一些大型制造商经常采用向中间商提供培训人员、商业咨询服务来加强对中间商的支持力度。二是提升经销商的地位。制造商通过激励支持让渠道成员有一种归宿感、成就感。具体的做法:对经销商进行综合的评价,选出业绩较好者,对其地位进行提升。比如,由一般的经销商提升为特约经销商,由特约经销商提升为区域代理商甚至提升为全国代理商,通过这种方法提高渠道经销商的积极性。

3. 渠道成员关系激励

一是提高渠道成员对渠道管理的参与度。生产企业可以将渠道成员间单纯的产品销售合作拓展到共同进行产品的研发与改进、市场开发与推广、售后服务活动等领域，共同给顾客创造传播价值。通过与渠道成员的全面合作，不仅可以加强渠道成员间的沟通与感情，维持渠道的稳定性，同时不断提升的品牌效应也可使渠道成员长期受益，这种方法可以成为对其最好的激励。二是建立与渠道成员的企业战略联盟。这是指生产企业和渠道成员为了完成同一目标而结合起来的营销统一体，双方可以协商制定销售目标、存货水平、广告促销计划等。其目的是生产企业以管理权分享来促进经销商经营效率的提高，并期待建立长期稳定的合作关系。

【案例】

格力电器的销售模式以及引发的思考

格力电器股份公司的历史可以追溯到1989年，其于1992年正式更名为格力（GREE）。在成立之初，由于自己实力较弱，格力电器所采取的是"农村包围城市"的战略，集中开发"春兰""华宝"等著名企业影响较弱的地区，在皖、浙、赣、湘、桂、豫、冀等省树立品牌形象，建立巩固的市场阵地。在实施这一战略过程中，所运用的渠道主要是重点经营专卖店，通过良好的售后服务保证顾客利益。1992年到1994年，公司的业务急速扩展，1994年格力空调的产销量已经跃居全国第二位。但是这一个时期，格力电器的销售渠道显得混乱。

1994年年底，董明珠出任公司经营部部长，针对当时公司销售管理混乱的状况，她大刀阔斧地进行改革，完善了销售管理制度，使公司自1995年起没有一分钱应收款，创造了空调行业货款100%回笼的奇迹，公司的销售额也从1994年的4.5亿元增长到1995年的28亿元。1996年以后，在董明珠的带领下，格力空调的销售实现了飞跃式的增长，销售额从32亿元、42亿元、55亿元、60亿元，增长到2000年的接近70亿元，并使公司自1997年至今，产销量、市场占有率、利税收入等指标均位居行业第一位。

董明珠在营销上有着丰富的实践经验和超前的思路，使格力电器在营销上近年来一直走在竞争对手的前面。1994年以来，格力电器先后推出了"淡季返利"和"年终返利"政策，通过灵活高效的营销策略，适应了市场的发展与变化，与经销商形成厂商一体、共同发展的战略合作关系，奠定了格力电器在行业内的领导地位。

1996年至1997年，空调行业里面，很多经销商都是不赚钱甚至亏损的。在这种形势下，格力联合湖北的几家经销商于1997年年底率先在湖北成立了股份制销售公司，创立了"区域性销售公司"这一独特的营销模式，统一了湖北全省的销售网络和服务网络。使销售公司成为格力在当地市场的二级管理机构，保障了经销商的合理利润，使广大经销商切实做好为消费者服务的工作。经过不断磨合与发展，第二年就使销售上了一个台阶，增长幅度达40%之多，二级经销商也赚了不少钱，市场也逐步规范、完善了。

经过多年的成功运作，区域性销售公司在规范和稳定市场竞争、保护经销商和消费者利益、维护行业健康有序发展等方面发挥了巨大的作用。至今，格力电器已在全国30多个省市推广了这一独创性的营销模式，使之成为公司制胜市场的一大法宝，不仅引起了经济界、学术界等权威学者的广泛关注，而且被誉为"21世纪经济领域的全新营销模式"。

（资料来源　中国营销传播网，略有改动。）

【思考题】

1. 什么是营销渠道激励？营销渠道激励有哪些类型？
2. 如何做好营销渠道激励？

【驱动任务与实训项目】

任务情景与实训内容

查找一家企业了解企业相关背景，搜集行业有关资料，为这家企业设计一个年终返利的方案。

实训目的

1. 了解渠道激励的具体方法与措施。
2. 掌握营销渠道激励方案的制订。

实训要求

1. 在上课之前安排学生分组准备相关资料，书写激励方案。
2. 学生完成文档报告并在课堂上进行交流与互评。
3. 根据要求可开展学生之间的辩论。

【课后案例】

微软"简单生意轻松做"活动受渠道追捧

"简单生意轻松做"是近来微软针对广域渠道合作伙伴和潜在合作伙伴推出的一个重要活动。在很多经销商看来，今年是它们和微软合作或深度合作的一个重要时间段，而"简单生意轻松做"这一活动则是与微软合作的一个关键切入点。究其原因：一是微软今年推出了许多新的技术和产品，比如，Windows7，还有即将推出的 Office2010，以及 Windows Server 等一系列技术，微软新的产品和技术受到很多客户的认同，事实上，微软新技术推出之时也是经销商把握解决方案创新的最佳契机；二是在这一基础上，微软推出了"简单生意轻松做"这一活动，及时地向经销商们抛出了它们梦想得到的"橄榄枝"。

1. 帮助渠道"简单轻松"做生意

与微软以往的渠道激励计划相比，今年"简单生意轻松做"的明显变化是：一是，微软将活动的每个环节都落得很"实惠"，比如，只要经销商成功做成第一单（金额在2万元以上），微软马上兑现700元的现金奖励；二是，放低姿态，更多地倾听合作伙伴的心声。"我们做了很多调研后发现，合作伙伴考虑的是如何来赚钱，如何能更轻松地实现能力提升。基于这样的原因，微软推出了这一活动，项目强调的就是简单和轻松。"微软大中华区渠道业务管理事业部总经理 John Ball 清晰地阐述了这一活动推出的初衷和目的。

那么微软的"简单生意轻松做"到底包含了哪些思想和内容，微软如何让经销商做到"简单又轻松"的赚钱和成长呢？

"轻松赚大钱、轻松塑品牌、轻松做客户"是"简单生意轻松做"活动中强调的三个关键点。"'轻松赚大钱'我们强调的是激励制度，即微软为经销商准备了众多的折扣和返点计划，将利润更多地让渡给经销商。"John Ball 解释说。虽然 John Ball 没有透露具体的返点计划，但不难看出,这是一个双赢的做法,微软给合作伙伴更多的返点和奖励,激发经销商销售微软产品的热情,这也意味着微软产品的销量总额会不断增长,与此同时,合作伙伴也获得了更多的利润。

"'轻松塑品牌',我们希望合作伙伴可以更好地利用微软的品牌。微软有一个合作伙伴认证计划叫 MPN,有了微软的认证之后,合作伙伴就可以更好地利用微软这一品牌。"John Ball 的言下之意是希望经销商做"有身份"的合作伙伴,这样经销商才能运用微软的品牌提升自身的品牌影响力,微软的品牌资源对于合作伙伴而言是一个重要的无形资产。

"'轻松做客户'是微软通过电话营销中心帮助合作伙伴找到有兴趣使用微软技术和产品的客户。"John Ball 说。确实如 John Ball 所说,微软的电话营销中心对合作伙伴的帮助是实实在在的。贵阳新博总经理罗磊告诉记者说:"微软电话营销中心每个月都会给我们提供一些重要的商机,不仅如此,我们还和微软的电话营销中心配合给他们提供客户名单,微软的电话营销中心协助我们与这些潜在客户沟通,确认是否有销售机会。因而微软电话营销中心不仅为我们带来了商机,同时也为我们节约了不少成本"。当然,销售的量越多,业绩越好,微软电话营销中心给经销商的支持和配合也就越多。

"微软希望更多的经销商能够在'简单生意轻松做'这一活动中受益。"John Ball 感慨地说。同时他也强调,微软将长期投资于这个项目,以便经销商可以通过这个项目来塑造他们新的业务模式。

2. 给渠道提供向上成长的通道

微软"简单生意轻松做"这一活动无疑将吸引更多的潜在经销商加入微软渠道生态圈中,这也将让微软的渠道体系更好地覆盖区域。除了区域覆盖之外,微软还在紧锣密鼓地给渠道赋能。因为经销商除了想代理微软的产品之外,还希望能够通过微软的产品让它们向价值链的高端攀升,也就是通过做解决方案给客户提供更大的价值。

亿飞成科技有限公司(以下简称亿飞成科技)是微软的一家核心合作伙伴,亿飞成科技副总经理兼销售总监韩冰表示:"我们也希望做更多有附加值的业务,换句话来说,希望成为微软的解决方案合作伙伴。"当然,做解决方案需要更多的技术储备。

微软有个渠道培训的网站叫"达人堂",微软的合作伙伴在达人堂注册,合作伙伴的技术工程师和销售人员加入这个俱乐部里,不用渠道合作伙伴加以管理,微软通过这个网站把渠道的销售和工程师集中在一起,让他们在这个平台上进行产品交流和销售技巧交流,达人堂不仅帮助渠道提升了工程师的技术能力,同时也提升了渠道销售人员的销售能力。

"我们有很多项目,来帮助合作伙伴开发增值性的解决方案,当合作伙伴在解决方案上遇到问题时,微软有专门的人员通过电话、网络和现场的方式来帮助合作伙伴。比如在中国,微软在各个区域设有专员来协助合作伙伴进行解决方案交付。"John Ball 如是说。

贵阳新博的很多项目就是在微软当地的业务专员协助下完成交付的。"有时我们在技术上需要一些支持,或者是客户对我们的方案有疑虑时,微软的业务专员就辅助我们去和客户交流和沟通,这样就提升了客户对我们的信任度,让我们的解决方案也更容易交付。"罗磊说。

我们知道微软有完善的渠道培训和赋能体系,如售前售后培训,以及具体项目交付时的引导,甚至是协助合作伙伴去和客户交流和沟通。当然渠道要想由简单的产品销售代理转向解决方案项目的销售和服务,前提是要对微软的各个产品有足够的了解,有就绪的项目来推广。

其实微软解决方案的打包方式是比较灵活的,有一些是由合作伙伴根据微软的技术开发一些应用解决方案,也有一些微软开发就序的解决方案,可以让合作伙伴直接执行,比如统一通信解决方案、SharePoint解决方案等。

由此可见,微软通过"简单生意轻松做"将经销商引进门之后,后续还有更多的解决方案来满足合作伙伴能力提升的愿望和期许。

(资料来源 http://article.pchome.net/content-1028241.html,略有改动。)

[案例思考]

微软的渠道成员激励有哪些措施,对我国的IT企业来说有什么借鉴意义?

任务8　营销渠道评估与创新

【任务引入】

某企业是一家强势企业,市场份额和销售额都达到了一定的规模,再提升有一定的困难,这时候公司最需要的是市场的稳定,其次才是业绩的增长,片面追求销量已经不再重要。在这样的现实基础上,公司想建立一个更加完善的绩效考核体系,其目的是更好地有效实现市场的分销水平。作为一个全面考核方式,除了考核分销的数量之外,企业还应该结合哪些指标?这些指标该如何处理才能构成一个有效考核体系?

【任务分析】

企业营销渠道进行绩效评估是渠道管理的重要内容,随着市场竞争的日趋激烈,营销渠道会因内外部环境的变化进行变革。营销渠道控制者必须要先对原有的渠道进行评估,包括渠道运行状态是否正常、渠道运行效率是否达到预期目标、渠道成员是否还符合要求、渠道绩效是否还可以通过改进得到进一步提高等。

【知识链接】

8.1　营销渠道评估的内涵与步骤

渠道评估是指厂商通过系统化的手段或措施对其营销渠道系统的效率和效果进行客观考核和评价的活动过程。渠道评估的对象既可以是渠道系统中某一层级的渠道成员,又可以是整个渠道系统。在营销实践中,不少厂商同时对某个层级的渠道成员及整个渠道系统进行评估。尤其是在渠道扁平化的发展趋势下,厂商更多地加强了对渠道系统中具体渠道成员的绩效评估,以利于厂商决定是否对某些层级的渠道成员进行扁平化。通常情况下,厂商在评估一个渠道系统时,可以从很多方面入手,分为不同的层次。比如,首先评估渠道系统对厂商销售的贡献率、对厂商利润的贡献率等;其次是要评估渠道系统对厂商的服从度、对市场环境发展变化的适应能力等;最后厂商还可能通过考察最终顾客对渠道系统的满意度等来评估渠道系统各方面的服务能力。

营销渠道帮助实现企业的销售目标,对渠道的评估旨在建立一套与企业特定经营目标相一致的评价指标,以引导和反馈渠道行为和渠道绩效。营销渠道评估可以遵循以下四个步骤:明确或确认总销售目标、设定渠道评价指标、制定渠道绩效评价制度、识别差距与制定渠道行为规划。

8.1.1 将经营目标分解和转化成销售目标

在进行渠道管理和评价之前,首先要将经营目标进行分解,可以将公司目标分解成三类:收入增加、利润提高和客户忠诚度提高。尽管公司总目标有所不同,但大多数都适用于这种分类法。这种分类法能为企业在设定合理的销售目标过程中提供许多明确的销售任务。

一是收入增加目标。要求对应的销售目标应致力于获取新客户,增大客户群的范围,加强对新市场的扩张,以及加强对已有市场的渗透。

二是利润提高目标。要求对应的销售应致力于保留老客户,降低交易成本,将重点置于大多数能带来利润的客户,以便更有效地运用销售资源。

三是客户忠诚度提高目标。要求对应的销售目标应着重改善客户服务质量,提供更强大的售后支持,向主要客户提供更灵活的销售资源及渠道的配置。

以上三类目标并不是相互排斥的。事实上,在设定综合绩效指标时,大多数企业至少考虑到三类目标的其中一部分。通过将公司目标分解成以上三大类,企业通常能给出更明确的销售任务以设定合理的销售目标。

应该将销售目标逐一明确和量化。将公司的每一个目标转化为一个定量的销售目标,如目标"将经营利润提高到有竞争力的水平"通常被直接转化成为"降低销售成本的5%"这样的量化销售目标。

8.1.2 设定渠道评价指标

渠道评价指标是有效的渠道评估的重要内容,销售目标要细化为一个指标体系,这个体系要能够进行清晰地描述或者量化,比如,"渠道销售量增加20%"或"每月电话量提高5%",这样才能为评估渠道成功与否、追踪渠道绩效状况提供评价的标准,也便于企业采取补救措施,使渠道绩效与其预期值相一致。合理的渠道评价指标体系基于销售目标和销售过程中的渠道作用这两个前提。

8.1.3 制定渠道评定制度与评估实施

营销渠道的评估实施之前还需要制定相关的评估制度或者政策,根据评估制度或者政策让渠道的管理者能够随时追踪渠道的绩效状况,确保其与对应的绩效指标相符,并揭示出存在的绩效问题。合理的绩效评估应关注绩效的主要决定因素,主要是指能直接并强有力地影响渠道综合绩效的渠道行为。比如,在远程服务领域,创造更多销售电话量是一个呼叫中心业务业绩的主要决定因素。

8.1.4 找出绩效差距并制定渠道行为规划

渠道评估能起到以下两个基本作用:一是,可被用作管理渠道绩效的强有力的连续检测工具。连续的绩效评定是动态渠道管理的基础,它使市场预期值与实际值实现"实时"对照及调整;二是,渠道绩效评估能认清渠道现有水平与预期实现销售目标之间差距。企业在现有绩效水平的基础上要达到未来绩效水平,必须及时采取行动纠正偏差,或者重新对渠道行为进行规划。

渠道行为规划是为实现渠道目标而必须采取的具体行动和管理手段。渠道行为规划通过将企业的销售目标和渠道绩效指标解析成具体的渠道行为来发挥渠道的优势,该渠道行为与渠道目标、绩效指标的要求相一致。制定渠道行为规划包含以下步骤:一是以渠道绩效指标及主要评定制度为起点,对渠道行为进行评定,以使其与绩效指标相符;二是记录与每种评定制度有关的渠道实际绩效;三是确定在18~30个月后渠道绩效必须达到的水平;四是确定一系列具体的针对渠道的行为,以帮助渠道从现在的绩效水平过渡到期望的绩效水平。

8.2 营销渠道整体绩效评估

从生产企业的角度来评估考察整个营销渠道,可以从渠道管理组织、渠道运行状况等方面进行。

8.2.1 营销渠道管理组织评估

营销渠道管理组织评估属于渠道结构的评估,这是营销渠道效率的营销因素,主要包括两个方面的内容。一是考察营销渠道系统中销售人员的构成状况,比如,销售经理的素质和能力方面,整个渠道系统中从事销售工作三年以上且达到一定学历以上的地区经理占销售经理总数的比例有多大,该比例越大,表明销售管理组织的素质和能力就越强。二是考察厂商分支机构对营销渠道的控制能力。比如,厂商分支机构是否有自控的零售终端?如果有,自控零售终端的销售额占厂商分支机构所在地销售额的比例是多少?

8.2.2 营销渠道运行状况评估

营销渠道运行状况是指渠道成员之间的配合、协调以及积极性发挥等方面的综合表现,它直接决定渠道的效率和功能发挥。营销渠道运行状况评估是以渠道建设目标和营销计划为依据,考察任务的分配是否合理、渠道成员的合作意愿与努力程度、渠道冲突的性质与程度、销售是否达到既定目标等。具体分析时可从营销渠道盈利能力、通畅性、渠道覆盖面三个方面设定指标评估。

1. 营销渠道盈利能力评估

营销渠道盈利能力评估主要是要做好两个方面的基础性工作:其一是营销渠道费用成本分析;其二是营销渠道盈利能力指标的设定和选取。

首先是营销渠道成本费用分析。营销渠道盈利能力评估首先要做的是营销渠道成本费用分析,营销渠道成本直接影响到企业的盈利能力。它由如下项目构成。

一是直接人员费用。包括制造厂商的直销人员、流通企业的销售人员、促销人员、销售服务人员的工资、奖金、差旅费、培训费、交际费等。

二是促销费用。包括广告媒体成本、赠奖费用、展览会费用、促销方案设计与执行管理费等。

三是仓储费用。包括租金、维护费、折旧、保险、存货成本等。

四是运输费用。包括托运费用等。如果是自有运输工具,则要计算折旧、维护费、燃料费、牌照税、保险费、司机工资等。

五是包装与品牌管理费用。包括包装费、产品说明书费用、品牌制作费、品牌管理费等。

六是其他营销费用。包括营销管理人员的工资、办公费用等。

评价营销渠道费用主要采用两个原则:一是费用比例与功能地位的匹配性;二是费用增长与销售增长的对应性。合理的渠道费用构成应当是与营销功能分配相匹配的。各个营销渠道功能的有效运行都需要一定的费用做保证;重要的、难度大的营销功能应当配备较多的渠道费用。这样就可以保证渠道费用的合理使用。从总量上来看,渠道费用与商品销售额应保持一个合理的比例关系。经常出现的问题是费用在大幅度地增长,而销售额却增长缓慢。在市场竞争十分激烈的情况下,很可能会出现这样的问题,因为不少渠道费用支出的效果被竞争抵消了。而从渠道内部来看,费用超过销售额的增幅,则表明部分渠道营销功能减弱了,它们缺乏强劲的顾客吸引力和竞争力。因此,要采取得力措施,扭转费用增长的局面,理想的情况是渠道费用的增长幅度应低于销售额的增长幅度。

其次是盈利能力指标设定与选取。营销渠道盈利能力指标是一个完整的体系,虽然不同企业有不同的侧重点,但是一般来说都会选取以下指标来进行分析。

一是销售利润率。销售利润率通常作为评估营销渠道获利能力的主要指标之一,用于说明渠道运转带来的销售额中包含了多少利润。不少企业销售额的增长是由过度促销、低价销售实现的。在这些企业中,销售额提高了,但利润却降低了。这种不讲效益的做法显然不是有效的营销行为。有效运转的营销渠道能够节约成本费用,树立品牌形象,因而能带来较高的销售利润率。这里,销售利润率是税后利润与商品销售额的比率,其计算公式是:

$$销售利润率 = \frac{税后利润}{销售额} \times 100\%$$

就营销渠道整体而言,"销售额"应当是指最后环节的销售额,即零售额。"税后利润"是指渠道中各个主体的税后利润之和。即:

$$渠道销售利润率 = \frac{各个主体税后利润之和}{零售总额} \times 100\%$$

二是资产收益率。资产收益率指企业所创造的总利润与企业全部资产的比率,它能反映投资者的效益评价观点。其公式是:

$$资产收益率 = \frac{当期利润}{资产总额} \times 100\%$$

渠道成员利用所掌握的资本总量来进行经营,希望所取得的报酬在补偿成本费用之后,还能够有所剩余(即资产收益),用于形成投资者的新增权益。有些企业可能是利用贷款或者借债来经营的,只有在资产收益率高于平均负债利率的情况下,才可以认为营销渠道的运转是有效的。一般来说,企业的资产价值是经常变动的,即使在当期利润基本相同的情况下,也会出现某个时期的资产收益率与另一个时期的资产收益率不同的问题。尤其是受到固定资产折旧等因素的影响,部分资产因折旧退出了经营,在计算资产收益率时继续考虑这部分资产价值是不合理的。为避免这个问题,可考虑采用净资产收益率进行评价。净资产是指总资产减去折旧总额的余额。净资产收益率指税后利润与净资产之间的比率。其计算公式是:

$$净资产收益率 = \frac{税后利润}{净资产额} \times 100\%$$

三是资产管理效率。这个指标系列主要反映了渠道资产(如资金、货物)管理的效率高低。评价指标资金周转率和存货周转率两个主要指标。

为评价资金周转情况,可采用资金周转率。资金周转率,或叫资金周转速度,反映营销渠道中现有资金被循环使用的次数。该指标是以营销渠道中的资产占用总额去除产品销售收入而得到的,其计算公式如下:

$$资金周转率 = \frac{产品销售收入}{资产占用总额}$$

例如,在某商品的营销渠道中,2000年年度实现商品零售额15 000万元,而制造厂商平均占用资金500万元,批发商平均占用资金600万元,零售商平均占用资金300万元。由此可以计算出该商品营销渠道的资金周转次数如下:

$$资金周转次数 = \frac{15\,000 万元}{(500+600+300)万元} = 10.7$$

存货周转率是指产品销售收入与存货平均余额之比,这项指标可说明在某一时期内库存货物的周转次数,从而考核存货的流动性。一般来说,存货周转率次数越高越好,因为在这种情况下,通常商品库存量较低,存货周转快,这样就提高了渠道资金的循环使用次数和效率。其计算公式如下:

$$存货周转率 = \frac{产品销售收入}{存货平均余额} \times 100\%$$

2. 营销渠道畅通性评估

营销渠道是由不同市场经营主体构成的,各种渠道功能要落实到有关渠道成员的肩上并且要发挥有关成员的积极性,彼此才能有机地联结起来,持续不断地有效运转。对营销渠道畅通性的评估可以从渠道功能主体的到位情况、营销功能配置情况、渠道体系衔接情况及渠道能否长期合作四个方面来评估。

一是渠道功能主体的到位情况。在营销渠道中,各种渠道功能都必须由一定的主体来承担。不论有关主体多少,也不论它们是谁,只要需要它们承担特定的功能,它们就一定要到位。不能有效运转的营销渠道大多是那些渠道上有些功能没有明确承担的主体,或者有关主体不具备相应能力和资格的渠道。

二是营销功能配置情况。承担任何一种营销渠道功能都需要专用资源。例如,商品供应商应有商品生产能力或生产条件、储运企业应该拥有仓储设施和运输设施、销售机构要有店铺和稳定的客户。由于不同企业具有不同的专用资源,在承担有关营销渠道的职能上存在差异,因此,是否将营销功能分配给不具备相应专用资源的主体,将影响到营销渠道的畅通性。这里需要特别重视评估的问题是否存在有关主体不能胜任其指定职能的情况。

三是渠道体系衔接情况。渠道成员之间的"缝隙"是指前后环节的功能不能衔接的情况。例如,商品在批发商手上出现了销售的困难,或者商品在某个中间仓库久久不能进入零售环节。这种缝隙通常是由于前后环节的成员缺乏沟通和配合意识、存在目标冲突、利益摩擦等造成的。如果是纵向一体化的渠道构成,则不同营销功能的承担者之间具有产权一体化的联系,因此,在营销渠道运行中,彼此之间的衔接配合问题会比较容易解决。对于"柔性"垂直整合组织来说,维系营销渠道中各个成员的渠道联结力主要靠的是成员之间的合作愿望和相互信任。这种合作愿望和相互信任机制很容易发生蜕变或波动。

四是渠道能否长期合作。营销渠道系统能否长期稳定地运转,取决于有关成员之间的联系或契约的长期效力。契约型垂直整合渠道常常面临的问题是:一旦合同执行到期,而又没有签订新的合同,双方之间的合作关系就会终止。如果企业还没有新的渠道接续上来,那么企业就会失去商品供应来源或销售点。相对来说,产权一体化的营销渠道就具有较强的连续性和稳定性。

3. 营销渠道覆盖面评价

市场覆盖面是衡量营销渠道运行状态和功能的重要指标之一,是指某个品牌的商品(或来自某个厂商的商品)通过一定的营销渠道销售能够达到的最大销售区域范围。销售区域范围越大,则该商品能够接近的潜在顾客就越多,购买该商品的顾客数量就越大。对营销渠道覆盖面的评估可以从营销渠道中的成员数量、分布区域、零售商的商圈大小等几个方面来进行。

一是,渠道营销成员数量。营销渠道成员数量多少在一定程度上能够反映该渠道的市场覆盖面。例如,在二阶营销渠道中,由于在生产厂商与消费者之间至少存在一个批发商和一组零售商,批发商往往向多个地区的零售商批发商品,因此,该营销渠道的市场覆盖面就是这些零售商的商圈所构成的市场区域。当营销渠道的宽度较宽时,商品营销的地区范围就会很大。而在三阶或更高阶次的营销渠道中,由于存在地区差别较大的多层批发商,因此,营销渠道带来的市场覆盖面更大。

二是,营销渠道成员分布位置。商品流程中的营销渠道趋向与扁平化,越来越多的商品销售渠道的环节数(阶次数)趋向于在二阶或二阶以下,这时,同是一个环节的中间商数量越来越多。而同一渠道上中间商的合理分布应当是彼此拉开空间距离,不要出现商圈或销售区域的重叠,以避免自相竞争的情况发生。

三是,渠道终端的商圈范围。零售商的商圈是指在零售商周围,能够方便地光顾零售商店铺的潜在顾客的分布范围。例如,对于一个日用杂货商店来说,能够方便地前来光顾的潜在顾客可能来自周围 500 米范围。那么以该日用杂货商店为中心、半径为 500 米的圆圈所划定的空间区域,就是该日用杂货店的商圈。一般来说,零售商的商圈受交通条件、商店声誉、经营规模、竞争者的相对位置、周围基础设施环境以及顾客购买行为习惯等因素的影响。一个品牌商品的营销渠道带来的市场覆盖面是指在该渠道中,所有零售商的商圈不重复部分的总和。

四是渠道成员的市场渗透率。这个指标描述渠道成员销售产品的深度,渠道成员的消费者重复购买的次数和数量。企业应该把渠道做深,才能在渠道的建设和管理过程中扩大渠道的覆盖面。

8.3 渠道中间商绩效评估

8.3.1 营销渠道中间商的绩效评估考核方法

1. 定性考核

定性指标主要代表渠道中间的主要工作活动,主要以企业渠道管理人员的调查访问和所见为主要依据,同时结合中间商的报送资料。主要包括销售品种、价格执行、窜货问题、商品陈列、促销活动、信息反馈和对企业的评价等方面。一般来说,厂商对中间商的考核要综合以上定性指标,可以制定中间商定性管理表格,如表 8-1 所示。企业应该定期对中间商的定性指标进行考核,及时发现中间商在市场运作过程中存在的问题与困难。

表 8-1 中间商定性考核表

考核指标	考核结果	权重
销售品种		
价格执行		
窜货问题		
商品陈列		
促销活动		
信息反馈		
对企业的评价		

2. 定量考核

定量指标能直接有效反映中间商的绩效,每个定量指标都要有个符合实际情况的目标值。对中间商绩效考核的定量指标主要有销售额增长率、销售额比率、费用比率、铺货率、货款回收、商品库存、退货率等。对几个指标的综合考虑可以使用权重评分法,企业根据自身的特点,对比以上项目重要程度所占比例打分,总分可以 100 分计,70 分为警戒线。根据以上指标,企业可以制定中间商定量考核表,如表 8-2 所示。

表 8-2 中间商定量考核表

考核指标	考核结果	权重
销售额增长率		
销售额比率		
费用比率		
铺货率		
货款回收		
商品库存		
退货率		

8.3.2 营销渠道对中间商绩效评估指标体系设计

中间商绩效评估指标体系主要包括销售绩效、财务绩效、竞争能力绩效、服从度、顾客满意等几个方面,然后拿实际绩效与目标或者计划进行对比考核。中间商绩效考核评估表如表 8-3 所示。

表 8-3 中间商绩效考核评估表

指标	判断标准	评估考核结果
销售绩效	上考核期的销售量	
	上考核期的销售额	
	市场渗透率	
	上考核期的市场占有率	

续表

指　标	判　断　标　准	评估考核结果
财务绩效	为中间商花费的费用成本	
	销售的利润率	
	中间商的持续要求是否增加利润	
竞争能力绩效	中间商是否充分了解企业和产品	
	中间商是否充分具备经营才干	
	中间商是否充分了解竞争对手	
服从度	中间商运作是否符合公司规定	
	中间商是否违反合同约定	
	中间商是否配合其他计划执行	
顾客满意度	是否经常收到顾客对中间商的投诉	
	中间商是否努力提高顾客满意度	
	中间商是否向消费者提供良好支持	

8.4　营销渠道调整与完善

8.4.1　营销渠道调整的原因

渠道调整是在营销渠道绩效评价的基础上进行的。营销渠道企业内外部环境的变化为渠道改进与创新提供了动力,也提供了条件。渠道创新是以渠道价值链增值的理念创新为指导,以实施目标管理机制的扁平化组织创新为基础,以营销管理信息系统的技术创新为工具的系统工程。以下几个方面是营销渠道改进与创新的原因。

一是,最终用户不满意。如在计算机行业,戴尔计算机在经历了客户从分销商处购买计算机的不愉快后才创造了计算机直销模式,开创了个人计算机业的神话。现代社会人们对分销系统的要求越来越高,不合格的分销渠道将招致最终用户越来越多的不满意,让最终用户满意是对分销渠道的基本要求。

二是,存在许多可供利用的分销渠道。新的分销渠道会给企业带来全新的顾客期望,并可以重新确定分销成本或服务标准。一般而言,不同的分销渠道服务于不同的细分市场,这就意味着如果企业放弃一种分销渠道,就有可能错过整个细分市场,从而造成市场覆盖中的空白,因此,企业需要不断的探索新渠道的可行性。

三是,现有渠道不能满足企业发展的要求或者企业的发展战略发生了变化。

四是,现有分销商不胜任。在许多成熟的行业中,当制造商力争取得增长或面对竞争挑战时,那些不愿意主动适应新市场却收入颇丰且贪图安逸、不思进取的分销商则会成为企业发展的最大障碍。事实上,当分销商不全力去扩大销量时,企业的任何努力都会付之东流。

五是,技术发展为营销渠道创新提供了基础。信息技术的发展为管理分销商的购销调存创造了十分优越的条件，但许多企业还继续使用尽管重要但并不到位的"走动式"的人员管理。电子信息交换系统和顾客快速反馈系统能帮助分销商管理库存，还可以帮助企业减少成本，较大限度地密切厂商关系，提高管理效率。信息网络已经能够使产品、服务提供者跳过传统分销商与最终客户直接打交道，比如，在线机票预订渐渐取代了传统的旅行社机票预订便是"非中介化"的一个例证。此外，物流领域也涌现出大量革新，包括可靠高效的隔夜快递和即时跟踪分销商库存状况的信息系统等，这些革新开始淘汰原有的产品和部件库存系统，并为分销渠道网络的再造创造了条件。

8.4.2 营销渠道调整的内容

营销渠道在绩效评估的基础上，结合企业的内外部环境以及发展战略的需要，调整渠道，尤其是较大的调整，对企业及整个渠道的影响都很大，但如果决策失误，短时间内又难以补救，损失将更大。所以，在渠道调整以前一定要做好可行性分析与渠道评价工作：认真考虑这种调整是否可行，中间商的反应如何，是否会引起某些重大冲突等问题。对新渠道的费用、收益及利润的分析也要从整个渠道系统的角度来统筹考虑，权衡利弊。对营销渠道的调整主要从以下四个方面着手。

一是，调整渠道政策。这是渠道的"软性"改进，包括渠道战略的调整和渠道战术的调整，在战略层面如渠道模式创新、渠道结构的改变。渠道结构调整应该通过对渠道结构存在的问题进行分析，确定是否应在渠道结构上进行适当的调整。例如，生产企业决定剔除中间商，直接供货给零售商，缩短渠道长度，一般需要分析结构与市场环境，再得出结论。在战术层面包括但不仅限于价格政策、铺货政策、市场推广政策、信用政策、激励政策等。

二是，增减营销渠道成员。这是渠道调整的通常做法，但是有一定的风险，在考虑渠道的调整与改进时，通常会增减某些中间商。生产企业在做出这项决策时要进行渠道改进分析，考查增减某个中间商会给生产企业的利润带来什么影响。如一家打印机生产企业在做出增加一个打印机经销商的决策时，应该用该打印机经销商的销量除以总销量，以评估经销商对生产企业的重要程度，如果比例较低，则比较容易做出增删决策。中间商的替换与增减要做全面的影响分析，生产企业的各种经营活动不是独立存在的，往往有着千丝万缕的联系，要考虑除销售、利润、成本外，这种替换对渠道整体性功能所产生的影响。

三是，增减某些市场渠道。通过绩效评估发现公司产品不适合在某类渠道销售时，应该果断叫停。偶尔会出现很多经销商不能完成销售任务的情况，如果是经销商懒惰或有意抵抗等情况也应该考虑替换经销商。例如，在竞争者给予渠道商更多利润时，渠道商就更倾向于销售竞争者的产品，对生产企业的产品关注度则会降低。生产企业有权减掉不合格的市场渠道，但是必须考虑删减市场渠道带来的负效应。同时，如果企业自身考虑存在问题，也可以考虑删除渠道的决策，比如，为保持一定的库存，减少渠道意味着缩减生产。由于制造费用和管理费用被分摊在较少的产品上，单位产品的生产成本将会提高，原来占有的一些市场机会可能会转到竞争者手中，增加了竞争企业的经营实力，会引起其他经销商的不安和不稳定感等。

四是，改进整个渠道系统。这种决策通常由企业的最高层来制定，是最复杂的一种营销渠道改进决策，不仅涉及改进，还涉及整个营销系统的调整，比如，杉杉集团从自由渠道转为特许经营模式。

【思考题】

1. 营销渠道绩效评估包括哪些内容？营销渠道评估的方法有哪些？
2. 企业如何才能做好营销渠道绩效评估？
3. 营销渠道改进的方向与内容有哪些？其原因是什么？

【驱动任务与实训项目】

任务情景与实训内容

查找一家企业了解企业相关背景，搜集行业有关资料，尝试从该企业的渠道成员数量、渠道分布位置、终端商圈范围等基础资料对该企业的渠道绩效进行评估。

实训目的

1. 了解渠道绩效评估方法与措施。
2. 掌握营销渠道绩效评估的实施。

实训要求

1. 在上课之前安排学生分组准备相关资料，进行该企业的绩效评估。
2. 学生完成文档报告并在课堂上进行交流与互评。
3. 根据要求可开展学生之间的辩论。

【课后案例】

A.O.史密斯陷渠道困境

一直以来，定位高端的A.O.史密斯热水器因其产品工艺水平较高、可靠性好深受部分消费者的喜爱，使得其售价尽管高出业内同类产品数倍，却依然在一二线市场占据一定的市场份额。不过，随着三四线市场成为热水器行业主要增长点，A.O.史密斯的高昂售价也成为其开拓新市场的巨大绊脚石，渠道、产品已成为制约其发展的关键问题。

1. 市场份额初显萎缩

作为热水器外资品牌中的老大，A.O.史密斯以专注热水器领域闻名业内，花费大量的时间从电热水器扩张到燃气热水器，充分展现了A.O.史密斯发展稳健的一面，但同时也暴露大型外资企业缓慢的步伐。据了解，在过去的10年间，A.O.史密斯在中国市场销售一路攀升，而且保持高速增长，2012年净销售额近4.5亿美元，较2011年增长20%。

不过，华丽的业绩却并不能遮掩A.O.史密斯市场份额下滑的趋势。据第三方调研数据显示，今年5~8月，燃气热水器和储存式热水器整体市场零售规模上升。不过，A.O.史密斯的市场占比处于下滑状态，5~8月A.O.史密斯热水器市场份额分别为13.13%、15.03%、15.53%、14.78%，除了6月同比小幅增长0.18%外，其他3个月均呈现不同幅度下降，其中5月下降幅度高达1.86%。

有业内专家指出，热水器作为传统家电产品，其市场占比的上下浮动可能短期内不会直接在企业的业绩中体现，但其危害堪比千里之堤中的蚁穴。市场占比的下滑意味着竞争对手的增长，也意味着自己在某一方面已经落后于竞争对手。为了详细了解A.O.史密斯的市场现状，北京商报记者多次拨打其中国总部电话，不过该电话一直处于无人接听状态。

2. 受限渠道、产品下沉

在市场整体容量上升前提下,单个企业市场占有率的下降,业内专家普遍认为问题可能出在增量市场方面。家电分析师梁振鹏认为,A.O.史密斯市场占比下降的原因可能是其在三四线市场缓慢的开拓步伐。目前国内热水器市场,一二线市场早已进入饱和状态,最大的增长市场会集中在三四线市场,甚至会下沉到五六线乡镇村市场。

相对来说,这些市场对国产企业比较看重。另外,像海尔、美的、万家乐等本土企业对三四线市场的开拓也更加积极,专门店渠道也更为强势,A.O.史密斯对三四线市场的开拓速度相对较慢,那么在新增长的三四线市场中,必然要被国产品牌抢走不少的市场份额,市场占有率下降。A.O.史密斯热水器昂贵的售价和高端的定位可能是其在三四线市场不受待见的另一大原因。

北京商报记者通过走访北京数家家电卖场发现,A.O.史密斯热水器可称得上是热水器中的豪门,其主流产品的价格要高出国产品牌2~3倍。A.O.史密斯燃气热水器售价动辄六七千元、储存式电热水器则是四五千元,而像海尔等国产储存式电热水器,搭载智能温控、断电记忆等功能的产品价格在一两千元,显然,在三四线市场后者更容易被消费者接受。

3. 押宝电商成效堪忧

业内专家分析,三四线市场和农村市场必然会是未来热水器市场的金矿,建议外资品牌重视三四线市场的开拓。

中国市场对A.O.史密斯的重要性毋庸置疑。A.O.史密斯2013年二季度财报显示,美国和加拿大的北美洲,二季度营收3.89亿美元,同比增长仅6%左右。而中国市场二季度销售额为1.436亿美元,同比增长3700万美元,增速远超北美地区。美国A.O.史密斯集团公司高级副总裁、中国区总裁丁威也曾强调,A.O.史密斯非常看重中国市场,对中国市场的投资非常重视。

或许是因为要兼顾中国三四线市场热水器增长前景和衡量渠道开发资金投入、品牌形象维持等众多因素,A.O.史密斯想了一个折中的办法,即寄托于电商渠道的开拓。丁威此前在谈及A.O.史密斯2013年战略调整时便提出,将对销售体系大力搞信息化,以提高效率。早在3年前A.O.史密斯就成立的电商部,任务就是"清理"网上非授权的商户,打假的对象包括淘宝、京东商城等非授权店,不过北京商报记者通过淘宝搜索"A.O.史密斯",发现一共有超过3000款热水器、净水器等产品的出售信息,其中A.O.史密斯天猫旗舰店的产品仅有3款,比例不足0.1%。或许A.O.史密斯该考虑考虑渠道的真正下沉了。

(资料来源 http://www.bbtnews.com.cn/news/2013 11/1400000072805.shtml,略有改动。)

[案例思考]

1. A.O.史密斯渠道困境背后的根本原因是什么?
2. A.O.史密斯应该怎样对渠道困境加以改进?

附后案例：营销渠道建设与管理方案

（本案例资料根据百度文库案例修改）

兴天下

渠道建设与管理手册

目 录

1 渠道策略和结构设计 ·· 104
　1.1 渠道策略 ··· 104
　1.2 渠道分级与结构 ··· 105
2 渠道建设 ··· 107
　2.1 渠道标准 ··· 107
　2.2 经销商政策 ··· 108
　2.3 渠道开发 ··· 109
3 渠道管理 ··· 110
　3.1 经销商培训 ··· 110
　3.2 经销商信息反馈管理 ··· 110
　3.3 跨区域销售管理 ··· 110
　3.4 经销商考评评估 ··· 110
　3.5 渠道激励 ··· 111
　3.6 退出机制 ··· 111
4 相关文件与表格 ··· 111
　4.1 项目(经销商)合作协议范本 ··· 111
　4.2 标准表单 ··· 117

1 渠道策略和结构设计

1.1 渠道策略

1.1.1 总则

尖刀直入：

以办事处为尖刀直插重点目标市场，在办事处辖区内以直销方式迅速占领发达市场。

以点带面：

在办事处以外的空白市场，开发省级经销商作为点，借助省级经销商的资源，让省级经销商自主开发、带动地市级经销商这个面，使兴天下在空白市场迅速形成以点带面的渠道网络，完成全国范围内的网络覆盖。

1.1.2 区域规划

区 域	办事处	代表处	备 注
华南	深圳、广州	东莞、惠州、中山	海南、广西、福建实行渠道销售
华东	上海、杭州、合肥	徐州、温州、宁波、苏州	江苏实行渠道销售
华中	长沙、郑州		江西、湖北实行渠道销售
华北	北京、沈阳、天津、青岛	大连、济南、烟台	内蒙古、山西、河北、吉林、黑龙江实行渠道销售
西部	成都、重庆		陕西、云南、贵州、新疆、宁夏、甘肃、青海实行渠道销售
说明	（1）深圳、广州、上海、北京、天津、南京、杭州、青岛为一级办事处。 （2）福州、武汉、长沙、成都、重庆、沈阳为二级办事处。 （3）昆明、西安、合肥、郑州、南昌为三级办事处。		

1.1.3 办事处辖区渠道策略

1. 代表处

办事处有选择性地在部分地市级城市设置代表处，代表处在所在城市开展直销业务，尽可能使办事处的直销业务覆盖更多地市。

2. 项目代理商

办事处或渠道部在没有设置代表处的地市级城市开发项目代理商，由项目代理商开发当地市场。利用项目代理商对当地市场的了解和人脉弥补办事处的不足，使兴天下产品深入渗透全省。

1.1.4 空白市场渠道策略

1. 省级经销商

渠道部在没有设置办事处的空白市场招独家省级经销商,利用其人脉、资金和团队在兴天下完全陌生的省市开拓全新的市场,早日达到兴天下渠道覆盖全国的目标。

2. 地市级经销商

省级经销商在该省范围内开拓地市级经销商,由地市级经销商开拓当地市场。

1.2 渠道分级与结构

1.2.1 渠道分级

兴天下的渠道分为省级和地市级两级。成员包括省级经销商、地市级经销商和项目代理商三种。在办事处以外的空白市场,由渠道部开发省级经销商(第一级),省级经销商自主开发地市级经销商(第二级);在办事处辖区,由办事处或渠道部开发项目代理商(第二级)。

1.2.2 渠道基本结构图

1.2.3 渠道部岗位规划及岗位职责

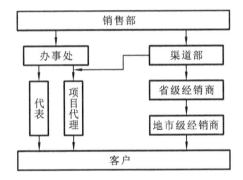

1. 渠道部岗位规划

渠道部设置渠道部经理和渠道主管两个岗,渠道部经理1人,渠道主管5人,按区域规划每个大区由一名渠道主管分管渠道工作。

2. 渠道部主要职责

渠道部主要职责如下。

(1)招商政策制定。

(2)渠道招商:通过信息收集、筛选、评估、谈判直到签订经销商合同,渠道部主导在没有设置办事处的空白市场招省级独家经销商,协助办事处在地市级城市开发项目代理商。

(3)渠道支持:协调各职能部门对经销商进行销售、市场、技术及服务支持。

(4)渠道管理:协调各职能部门对经销商进行督导、培训、信息反馈和跨区域销售的管理。

(5)渠道考评:主导各经销商的考评评估。

(6)渠道激励:根据考评结果对经销商进行正激励或负激励。

(7)渠道调整:对运行一年后的渠道进行增减和调整渠道整体策略。

1.2.3.3 岗位职责

渠道部经理岗位职责

基本情况	岗位名称	渠道部经理	岗位编号		所属部门	销售部	直接上级	销售部总监
	直接下属	渠道主管	岗位晋升		销售部总监		岗位编制	
岗位设置目的		加强经销商开发和管理,提高兴天下网络覆盖率,确保现款现货业务量,提升兴天下市场份额和市场竞争力						
主要工作职责和内容								
参与企业营销战略的研究和制定工作								
全面负责国内经销商管理工作								
协助其他业务部门的市场开发和市场管理工作								
负责各项渠道销售指标的分解并在各业务片区落实								
负责渠道部的部门管理工作								
负责制定本部门各项规章制度和工作程序								
负责制订本部门资金预算和各项支出计划								
负责制定渠道招商政策								
负责完成经销商管理和服务工作								
负责大型经销商的开发管理工作								
负责对渠道销售费用预算、费用支持和费用控制工作提出建议								
负责对经销商的各项招投标文件、销售合同的审核工作								
对销售回款和各项应收账款负责,负责货款和各项应收账款的催收工作								
负责与企业其他部门之间的工作协调								
完成上级领导安排的其他任务								

注:其他部门与岗位职能职责略

1.2.4 业务开展方式

本节主要围绕经销商和项目代理商的业务开展来展开,就各环节相关部门的协同配合工作做相应阐述。

1. 客户开发

(1)经销商或项目代理商:利用原有客户资源、市场运作手段、客户信息获得方面所具有的优势开发客户。在客户开发过程中,经销商团队中的销售人员负责收集信息、进行信息评估和拜访客户,技术人员负责售前支持,如咨询、技术交流和初步演示等。

(2)渠道部或办事处:帮助经销商或项目代理商分析客户信息,必要时协同拜访客户,提供必要的业务指导。

(3)技术支持部:当经销商或项目代理商在客户开发过程中遇到疑难技术问题时给予解答甚至是给予现场支持。

2. 产品推广

(1)经销商或项目代理商:兴天下组织的展会、推广会、技术交流会、产品演示及样板房工程等产品推广活动,负责邀请目标客户及进行事后跟进;自主组织上述产品的推广活动。

(2)办事处或渠道部:协同对客户进行产品推广,必要时渠道部协调利用公司其他资源,如邀请行业专家等。

(3)技术支持部:对所有产品推广活动进行必要的技术支持。

3. 项目运作

(1)经销商或项目代理商:从立项、特殊需求功能开发、投标、供货到项目结束的过程主导、跟进、公关,期间保持与兴天下公司之间的紧密沟通联系。

(2)渠道部或办事处:全程跟踪项目的进展,以公司优势资源协同经销商推进项目。

(3)技术支持部:协助制作技术方案,制作标书及其他技术支持。

2 渠 道 建 设

2.1 渠道标准

2.1.1 省级经销商标准

(1)正规公司:有合法经营执照,能独立承担民事责任,有固定的办公场所。

(2)专业团队:有独立运作本公司项目的团队,其中销售人员 3~5 人,管理人员 1 人,技术人员、客服各 1 人。

(3)运作资金:有一定资金实力,能维持兴天下项目正常、健康运作。

(4)同业经验或资源:具备两年以上安防行业经验,或有丰富的该行业客户资源。

(5)经营理念和思路:认同公司经营理念,愿与公司结成战略联盟,共同发展。

(6)网络实力:形成信息收集、反馈的快速通道,并能将公司的品牌、产品快速展示给目标客户。

(7)良好的信誉度:良好的信誉是顺利开展一切商务活动的基石,在客户面前,经销商的信誉就是公司的信誉。

(8)较强的销售实力:在获取各种有效信息后,面对客户经销商需要临门一脚最终顺利促成交易的实力。

(9)较强的社会公关能力:可视对讲产品的整个销售流程对公关能力要求较高,公关是成交的关键因素之一,而且若通过公关能与行业大客户合作,则事半功倍。

(10)经销商的管理能力:有良好的管理,公司的市场政策才能得以有效执行,保证市场持续发展。

2.1.2 地市级经销商标准

地市级经销商由省级经销商自主开发,报渠道部备案。

2.1.3　项目代理商标准

(1)法人或独立民事责任人。
(2)同业经验或资源:具备两年以上安防行业经验,或有丰富的该行业客户资源。

2.2　经销商政策

2.2.1　产品支持

(1)按质、按量、按时向客户提供合格产品。
(2)可根据客户的实际工程情况提供定制服务。
(3)所有产品都由本公司提供第三方10万元人民币金额产品责任保险。
(4)购买前请确认规格,产品(未开封)可更换类型,但不予退货。

2.2.2　物料支持

(1)提供兴天下产品手册。
(2)提供兴天下产品检测报告和案例手册。
(3)提供经销商市场运作手册。
(4)提供兴天下产品介绍和安装方法的光盘。
(5)提供兴天下产品的安装加注专用工具。

2.2.3　销售支持

(1)渠道部、办事处协助经销商和项目代理商进行售前、售中、售后的跟踪服务及与公司的协调工作。
(2)协助经销商拜访重点客户,增强客户的合作信心。
(3)提供成功的市场运作模式、样板市场供各经销商参考。
(4)确定有利双方的价格体系,提供价格保护、返利、折让等支持,具体按公司有关价格政策操作。
(5)协助经销商提供有关市场与客户信息。
(6)进行相关产品促销方面的整体支持。

2.2.4　市场支持

(1)提供行业网站、专业杂志的产品宣传推广的软文支持。
(2)参加行业性的相关会议及展会,进行宣传推广活动。
(3)协助经销商策划地区性的推广、公关活动。
(4)建立经销商交流平台,办一份专刊;每年召开一次经销商联谊会,为各地经销商提供最好的营销和管理资讯,交流市场经验。

2.2.5 技术服务支持

(1)经销商签约后,公司负责培训经销商工程技术人员。经考评合格后,核发上岗证。

(2)在经销商或项目代理商的销售过程中,兴天下技术支持部和办事处提供协同技术服务支持。

(3)提供经销商工程指导手册3本,专用施工工具2套。

2.2.6 媒体广告支持

(1)在安防、地产或其他相关专业杂志、网站投放广告。

(2)在相关行业报纸或专业杂志上投放软文。

(3)策划新闻事件。

2.2.7 区域保障支持

(1)为充分保障经销商的利益及市场空间,兴天下公司严格按照合同约定,规范每个经销商的经销区域。

(2)原则上一个省只签一家省级经销商,省级经销商在该省自主开发地市级经销商。

(3)对于没有省级经销商的区域,严格划分地市级经销商的区域。

2.3 渠道开发

1. 搜集潜在经销商资料

各渠道主管和办事处经理负责了解和考察各区域内安防经销企业或相关企业的情况,对于具有较强实力和经销兴天下产品意愿的经销商,建立《经销／代理商信息、评估表》(见附表),并将档案递交到渠道部,由渠道部统一管理。

2. 由潜在经销商提出申请

潜在经销商提出申请,填写《经销商资格认证审批表》,并填写《市场描述表》谈谈对市场的认识和设想,与营业执照复印件、企业资信证明、企业简介及经营情况说明等相关资料一起提交所属渠道主管或办事处经理,渠道主管或办事处经理审核后提交渠道部,由渠道部备案。

3. 对候选经销商的考察评定

渠道主管、办事处经理对筛选出来的信息进行评估,完善。根据区域的市场容量、兴天下产品的销量、经销网络的实际情况,以及公司经销网络的发展计划,对经销商进行筛选评价,确定其是否适合作为兴天下的经销商,并确定该经销商的级别。销售部总监对评估结果进行审核。

4. 与候选经销商谈判

(具体细节略)

5. 合同评审与签订

(具体细节略)

6. 颁发证书及标牌

给经销商颁发经销商资格证书及标牌。经销商开始享受公司相应的商务政策。

3 渠道管理

3.1 经销商培训

销售培训/产品知识培训/技术支持和售后服务培训。

3.2 经销商信息反馈管理

3.2.1 定期汇报制度

以日/周报、月报、季报定期汇报销售情况。

3.2.2 报表反馈

经销商和办事处收到报表后要仔细阅读并出具相关意见反馈回去,周报两天内反馈,月报三天内反馈,季报作为季度考评的主要依据一周内反馈。

3.2.3 人员巡访

制订定期巡访计划、制定巡访内容。

3.3 跨区域销售管理

(1)公司原则上不允许跨区域销售,除非经销商拥有特殊资源。

(2)经销商欲超越其合同规定的经销区域范围进行跨区域产品销售时,必须首先向本公司报备。签订《经销商跨区域销售协议》,否则视为违规操作。

3.4 经销商考评评估

3.4.1 经销商评估的指标

(1)对销售额的贡献。

(2)销售漏斗的过程指标:潜在客户信息数量、意向客户信息数量和准客户信息数量。

(3)经销商的服务意识:客户满意度。

(4)经销商的信息管理(报表)。

(5)市场推广(交流)会的举办。

次数:至少每季度一次。质量:到会单位至少20家以上。

3.4.2 经销商评估的流程

(1)对经销商采用年度评估,每季度一次季度考评,年度进行一次总考评。考评指标前期着重于过程,后期倾向于业绩。

(2)每季的季度末,由渠道部拟定下季度经销商季度考评标准和奖励方法,并由各区域渠道主管或办事处发放给各经销商,并与经销商进行双向沟通,达成共识。

(3)每季的季度初,由各区域办事处按考评标准对各经销商上季情况进行考评。

3.4.3 经销商季度、年度KPI(关键绩效指标)考评表

(具体内容略)

3.5 渠道激励

公司根据市场宏观形势及区域市场特殊情况制定相应的奖励制度,在每年的经销商年度合同中予以明确,在年末,公司按当年的销售政策和经销协议对经销商进行考评,根据经销商完成情况计算对经销商的各项奖励,经公司批准及时予以兑现。

3.5.1 正激励

正激励有如下几种方式。
(1)省级独家经销商享受优惠政策。
(2)约定年终返利条件和返利率(或参照经销商协议)。
(3)约定返利方法和时间。
(4)制定单项奖励。
(5)设置年度优秀渠道奖。
(6)设置专项推广支持。

3.5.2 负激励

负激励有如下两种方式。
(1)渠道降级。
(2)退出渠道。

3.6 退出机制

(具体内容略)

4 相关文件与表格

4.1 项目(经销商)合作协议范本

甲方:某公司
乙方:_____

公司(以下简称甲方)_____(以下简称乙方)在平等自愿的基础上,本着互惠互利、共同发展的原则,就本产品区域销售达成以下协议。

一、经销商的授权

1.甲方授权乙方为_____区域内的省级独家经销商,以甲方分支机构名义经销甲方产品,接受甲方的管理,提供相关业务资料和报表,为客户提供相关服务。乙方承诺在授权区域内完成甲方规定的销售任务。

2.乙方有权在广告和信函上表明其为甲方分支机构,但是,非经甲方允许,乙方不得在其公司名称或与之有关的场合单独使用甲方的公司名和商品名,或其中的一部分、或商标的任何部分。

3.双方协议签署,一经履行,甲方在30天内发给乙方指定区域经销商授权书。

二、销售任务

1.甲、乙双方经过协商同意:乙方在该经销区域的年度销售指标为销售指标_____万元人民币,回款额为_____万元人民币。

2.按甲方产品的系列分解为:

序 号	产品系列	销售基数/万元
1		
2		
3		
4		

3.一个季度的市场开拓期后即第二个季度开始,乙方每季订货总额为_____万元人民币。若该季度达不到进货要求,可用上个季度多进的予以弥补。若连续三个季度达不到进货要求,甲方将保留取消乙方指定区域经销商资格的权力。

三、甲方的权利和义务

1.甲方应该为乙方的销售推广工作提供全面的帮助。协议生效后的一个月内,甲方应把指定区域内所有的销售渠道和项目移交给乙方,对于还在质保期内的工程项目,甲方支付一定售后服务费给乙方,由乙方继续后期的服务工作。

2.在乙方作为甲方产品经销商的合作期间,甲方原则上不在乙方地区内建立第二家区域经销商。若乙方在约定的时间内未完成销售目标或违反本协议的约定,甲方有权发展其他的区域经销商以完成年度销售指标。

3.甲方每年定期召开经销商协作管理会议,乙方派有关负责人员参加,以便调整和宣传产品销售策略,进行市场预测、分析、地区协调、统一部署和联谊活动。

4.甲方应保障乙方地区的销售完整性,所有乙方区域内的客户应归乙方管理销售,甲方应保护乙方销售价格的完整性。

5.甲方有权随时调整产品价格。调整价格时,甲方应提前一个月以书面形式通知乙方,价格调整生效日期以规定日期为准。

6.为了保护乙方的宣传推广成果及投入,无论乙方经销区域的客户是否与乙方进行接触或洽谈,均视为乙方客户。由于乙方客户的人为因素而直接向甲方购买成交的项目,甲方应及时与乙方沟通并按照双方具体制定的经销价格体系向乙方返利。

7.甲方按销售合同要求向乙方及时提供合格的产品,并为乙方在进行甲方产品销售的所有业务活动中提供必要的支持。

8.甲方出台与乙方相关的规定后,应及时以书面形式通知乙方。

四、乙方的权利和义务

根据本协议的条款和规定,乙方同意担任甲方产品的经销销售工作,并有如下权利和义务。

1.乙方应有相应的流动资金支持所经销的甲方产品,并向甲方购买2套展箱,每套展箱人民币壹万元,合计贰万元,并有相应展示厅,展示厅设备按成本价缴纳押金。

2. 乙方有责任在协议期间发展3家以上的二级经销商,支持二级经销商的市场工作。

3. 乙方有义务遵守甲方所规定的经销价格体系,不得低价倾销。

4. 乙方有义务遵守甲方区域规定,不得跨区域经销,如有跨区域销售(以设备安装地为准),乙方支付合同金额的20%作为售后服务的费用给甲方在该区域的经销商。

5. 乙方应积极、持久地尽最大努力在其经销区域内推动甲方产品的销售,拥有保证有效履行经销义务的足够设施和最少一名相关技术人员、五名销售人员。上述人员必须通过甲方的认证考试或复试,获得甲方的认证证书或培训确认,所需费用由乙方承担。

6. 如向客户销售的产品需要按客户要求单独定制,乙方应在每次销售完成后向甲方提供完整和准确的售后服务材料,以利于今后的产品升级服务。资料包括:软件名称、购买软件产品的客户名称、购买日期;有偿升级与免费升级资料;甲方公司有义务对乙方提供的资料保密,保证乙方的利益。

7. 乙方在协议有效期只能销售甲方生产的相关产品,不能从事其他品牌同类产品的经营活动,并严格遵守国家有关法律法规,否则,造成的一切后果均由乙方承担。

8. 在有限的非专营和不可转让的基础上,在规定的经销区域内,甲方授予乙方拥有使用、经营和向其客户销售甲方产品的权力。乙方应保证甲方不会因为客户未能履行合同而遭受损失。否则,甲方将根据情节严重,对乙方采取减除返利、取消经销资格或索赔等措施而无须征得乙方同意。

9. 甲方负责乙方区域内客户的安装和调试工作,乙方负责相应的技术支持和咨询。

10. 乙方必须遵守和执行甲方的销售政策和各项市场制度。

11. 乙方有权利向甲方反映甲方有关人员的综合素质等各方面的情况和提出相关建议。

12. 乙方应维护甲方的产品形象及企业形象,不允许有损害甲方形象和信誉的现象发生。如发现有损甲方的行为应及时制止或向甲方报告。

13. 乙方有义务和责任向甲方举报甲方销售体系中存在的违规、违约行为。如举报属实,甲方将对乙方的举报行为进行奖励,以产品折让的方式支付。

14. 乙方应保持固定的经营场所、人员。如发生变更,必须事先取得甲方的书面认可。经营场所按照甲方的要求进行建设和布置。

15. 乙方应严格保守甲方的商业机密,不得泄露。

五、履约保证金的交付

1. 乙方应在协议签订之日起15日内向甲方交纳__叁__万元人民币作为履约保证金。如未按时交纳,本协议自动终止。

2. 该保证金作为乙方完成年度销售指标的保证,如果未完成年度销售指标的70%,则该保证金作为充抵。若完成销售任务,则在年度合约到期时甲方将履约保证金无息返还乙方。

3. 履约保证金交付方式为银行汇票或电汇。

六、订单处理

1. 乙方需要按照甲方公司统一产品订购单订货。乙方应适时向甲方提供下一个月的采购计划(非约束性),以便安排生产和确保产品供应。

2.订单变更:乙方可以以传真方式书面通知甲方更改订单,但通知须在原定出货期前3天内传到甲方,若甲方收到更改通知时,离出货期不足3天(以订单传真为准),则有权不予更改。

3.接受订单。甲方收到订单起3天内回复乙方,说明订单是否被接受及告知出货日期。

4.发货。甲方产品交货地点为乙方仓库或客户安装地点,交货之前的费用由甲方承担,之后的费用由乙方承担。

5.验货及补货。乙方在收到货物3天内书面通知甲方数量是否齐全,否则将视为齐全。如有货物残缺并经证实是甲方造成的,甲方在接到书面通知15天内补发所缺货物,或经双方协商在下次发货时补齐。

七、价格

1.定价。产品的基本定价参见价格表。

2.价格变动。因原材料等因素造成甲方生产经营成本变动的,甲方有权调整产品出厂价和零售价,价格调整时,甲方须提前15天书面通知乙方。

3.价格保护。

八、返点政策

1.乙方需要提供项目开办等与之相关的资料、图片、分销网络名录,以备甲方查验。

2.年度累计回款提货返点。

年度累计回款额返点比例表

×系列产品	
年度累计回款额	年度返点/(%)
300万元以下	8%
300万元~560万元(含300万)	10%
560万元~800万元(含560万)	11%
800万元及以上	12%

3.计算公式:年度返还金额=累计回款额×年度返点

示例:×系列产品按三三折结算后累计年度回款额400万元,则年度返点为10%

年度返还金额=400万元×10%=40万元

九、费用结算

1.乙方所有开展销售工作所产生的一切费用,以及甲方商务、技术支持人员落地后的相关费用,由乙方承担。

2.乙方订购甲方产品,以传真订货单为准,乙方付款后应将付款凭证一同传真给甲方,甲方收到订单及订单所说明的货款金额后,在规定的供货期内为乙方发货。

3.对甲方常规生产的产品,乙方预付订单的30%款项作为订金,甲方开始安排生产,余款货到付清,付款方式为银行汇票或电汇。按乙方要求生产的非甲方的常规产品,乙方必须全款支付给甲方后才能安排生产。

十、信用体系

1. 专项信用期限。特殊情况乙方可享受 30 天的专项信用期限,乙方务必在信用期内与甲方结清款项。

2. 正常信用期限。若乙方与甲方合作两年以上,且前两年顺利完成销售任务,则第三年起每笔业务均可享受 30 天的信用期限。

3. 如果乙方超出信用期限未支付甲方货款,则乙方每天需要支付未付款项的 1‰作为滞纳金。若乙方超过信用期限 30 天仍未同甲方结清款项,甲方将保留取消乙方经销商资格的权力,由此产生的一切后果均由乙方承担。

十一、广告宣传及促销

1. 费用。甲方认为公司发展所必需的全国统一广告促销活动的费用由甲方承担,甲方免费提供给乙方 800 册宣传资料,邮寄费用由乙方承担,超出部分按印刷材料成本价和乙方结算。甲方承担乙方区域的广告费用不超过乙方当年完成销售额的 1%。

2. 广告管理。形象策划、广告和促销材料的制作,由甲方统一进行,并提供给乙方,乙方也可自己参照甲方相关设计标准制作相关资料,但须提前通知甲方,由甲方审核合格后,方可运用。

3. 乙方若自主进行推广,需要将区内广告和促销活动的方案提交给甲方,经审核同意后实施,不得擅自跨区域操作。

4. 乙方须切实按所提交的方案,安排区内广告及促销活动,如有变动,应提前通知甲方。乙方须向甲方提供确定的材料,包括广告的副本、录音、录像及书面材料等,证明广告及促销活动已按方案执行。

5. 参展支持。乙方可自费按甲方设计要求参展。若需要甲方支持,须提前向甲方提交申请,经审批同意后方可享受相关支持。

十二、售后服务

1. 制定区域所有产品的售前、售中和售后服务,对承诺的保修期内的产品,按甲方统一对外承诺的条件,由乙方负责对客户提供免费的服务。保修期内的设备邮寄费用由寄出方负责,客户基础则由乙方负责,保修期外,全部由乙方负责。

2. 对于协议终止时还在质保期内的合同项目,乙方按合同金额的 10%给甲方作为后期的售后服务费用。

十三、知识产权及保护

1. 为保护甲方的知识产权,乙方不得对甲方产品进行拆解、解密、复制、出租或出借以及其他侵权行为,一经发现,甲方除立即停止和解除经销协议外,将提起法律诉讼,由此给甲方造成的损失,由乙方负全部责任。

2. 甲方向乙方提供的所有系统演示软件和各种系统系列软件,甲方享有独立的完整的知识产权。乙方因故意或过失造成泄露给任何第三方的,由乙方承担责任,在此基础上的开发或委托第三方开发的行为都将被视为侵权。

3. 根据本协议,甲方应告知乙方有关产品和产品价格的所有信息,以便乙方在商业活动中使用。除非该信息能从公共或其他地方获得,乙方同意在本协议有效期间内为该信息保密,不向第三方透露或让第三方使用该信息。

十四、违约责任和处理方式

1.如果乙方违反本协议的约定,甲方可根据相关规定进行处罚。

2.如果甲方违反本协议,乙方可于20日内向甲方提交书面通知终止经销协议。甲方将履约保证金无息返还乙方。

十五、协议终止条件

在下列条件下,甲乙双方立即终止本协议,但一方有及时用书面方式通知另一方的义务。

1.乙方被剥夺了从事本经销协议规定的业务活动所需的经营许可。

2.任何一方的商业信誉或经济基础遭受重大损失(如:宣布破产、资产重组、资产被抵押、合伙方破产、支票或商业汇票不能兑现、债务不能及时清偿等)。

3.如果因任何一方有不可抗力事情发生,造成不能履行本协议,该方应在10日内以书面形式通知对方。

4.协议期满。

十六、协议的终止

1.乙方在本协议终止后5个工作日内拆除与甲方有关的商标、标志和相关标记。

2.根据甲方的要求,乙方应在协议终止后15日内将甲方的所有标牌、培训证书、资料、文件归还给甲方。否则甲方有权向乙方提出赔偿甚至起诉乙方。

3.1个月内双方完成物资及财务清算。

4.甲方有权取消尚未执行的订单,同时乙方应向甲方或甲方指定的第三方无偿提供所有未执行的订单或提供客户信息资料(如客户名称、地址、电话、联系人、采购合同)。

十七、争议的解决

双方在履行本协议中引发的任何争议,通过友好协商的方式解决。如经过协商仍无法达成一致,则交由甲方所在地人民法院解决。

十八、其他

甲乙双方作为在该指定区域的战略合作伙伴,为保证双方的长期利益,共同发展,如合同期内甲方成为上市公司,乙方享有被甲方收购51%的股权达到共同上市的权利。

十九、协议的签订和有效期限

1.本协议一式4份,甲方留存2份,乙方留存2份。

2.本协议经甲、乙双方签字、盖章后生效。

3.本协议有效期自_____年_____月_____日起至_____年_____月_____日止。期满后自动失效,如双方同意延续本协议,应在期满前的1个月用书面通知对方以便相互确认。

4.本协议签约地点:

甲方(盖章): 乙方(盖章):

甲方授权代表签字: 乙方授权代表签字:

日期: 年 月 日 日期: 年 月 日

4.2 标准表单

4.2.1 经销/代理商信息、评估表

经销商概况	经销商名称			电话	
	地址			传真	
	企业性质		成立时间	信用情况	
	注册资金		员工数量		
业务概况	业务范围				
	经营安防品牌				
	业务覆盖区域				
	主要客户渠道				
	在当地同业的地位				
	与竞争厂商的关系				
	流动资金				
	上年利润				
	上年销量（其中对讲产品）				
	业务现状				
拜访情况	已拜访次数				
	最近一次拜访日期				
	对兴天下公司的了解及态度				
	合作意向				
	合作要求				
综合评估					
建议采取的对策和行动	□具备合作条件　　□有待继续考察 □可列为重点发展对象				

调查人：　　　　　　　　　　　　　　　日期：

4.2.2 区域巡访计划表

负责人			负责区域		
巡访计划安排					
序号	访问日期	访问对象		巡访内容	预达目标
渠道部经理意见			主管：		
销售部总监意见			总监：		

填表人：　　　　　　　　　　　　　　　　　　　　　　　日期：

4.2.3 经销商信息资料表

企业名称				产权人	
地址				电话	
联系人		职务		电话	
月销售额		员工数量		资金状况	
现经营品牌					
我公司产品销售情况					

<table>
<tr><td colspan="2">正在跟进的客户情况</td></tr>
<tr><td>客户名称</td><td>跟进情况</td></tr>
<tr><td></td><td></td></tr>
<tr><td></td><td></td></tr>
<tr><td></td><td></td></tr>
<tr><td></td><td></td></tr>
<tr><td></td><td></td></tr>
<tr><td>营销网络现状</td><td></td></tr>
<tr><td>需要支持事项</td><td></td></tr>
<tr><td>其他信息</td><td></td></tr>
</table>

业务员： 日期：

参考文献

［1］ 郑锐洪.营销渠道管理［M］.北京：机械工业出版社,2012.
［2］ 佘伯明.分销渠道实训［M］.辽宁：东北财经大学出版社,2011.
［3］ 王水清.营销渠道开发与管理［M］.北京：北京大学出版社,2012.
［4］ 肖怡.零售学［M］.北京：高等教育出版社,2009.
［5］ 缪兴锋.现代管理学原理与应用［M］.广州：华南理工大学出版社,2009.
［6］ 易久发.渠道为王［M］.北京：电子工业出版社,2009.
［7］ 常永胜.营销渠道：理论与实务［M］.北京：电子工业出版社,2009.
［8］ 庄贵军.营销渠道管理［M］.北京：北京大学出版社,2004.
［9］ 顾国建.超级市场营销管理［M］.上海：立信会计出版社,2000.
［10］ 顾国建.零售业：发展热点思辨［M］.北京：中国商业出版社,2003.
［11］ 杨谊青.连锁经营管理原理与管理技术［M］.北京：高等教育出版社,2001.
［12］ 中国加盟商网
［13］ 全球品牌网
［14］ 逸马顾问 http://www.fh01.com/
［15］ 中国连锁经营协会 http://www.ccfa.org.cn/index.jsp
［16］ 中国渠道网
［17］ 销售与市场：http://www.cmmo.com.cn/
［18］ 二十一世纪经济报道 http://www.nanfangdaily.com.cn
［19］ 中国营销传播网 http://www.emkt.com.cn/
［20］ 世界营销传播网 http://mkt.icxo.com/